Achtsamkeit und Anerkennung

von

Joachim Kahlert (Projektleitung, Einführung, Baustein 11)
Richard Sigel (Projektleitung, Einführung, Bausteine 9 und 11)

Konrad Bundschuh (Bausteine 2, 3 und 6)
Dagmar Cordes (Baustein 4)
Anne Frey-Gaska (Baustein 7)
Manuela Fuchs (Baustein 4)
Eva Heran-Dörr (Baustein 4)
Heiner Hirblinger (Baustein 10)
Sybille Kannewischer (Bausteine 2, 3 und 6)
Marija Kulis (Baustein 7)
Michael Mestmacher (Baustein 8)
Hans Saloga (Baustein 1)
Heinz Schlegel (Baustein 11)
Ahmet Toprak (Baustein 5)
Christoph Winkler (Bausteine 2, 3 und 6)

Herausgegeben von der
Bundeszentrale für
gesundheitliche Aufklärung

IMPRESSUM

Reihe:
Gesundheitserziehung und Schule (G+S)
herausgegeben von der Bundeszentrale für gesundheitliche Aufklärung, Köln,
im Auftrag des Bundesministeriums für Gesundheit

Projektleitung:
Prof. Dr. Joachim Kahlert, Dr. Richard Sigel

Autoren:
Konrad Bundschuh, Dr., Professor für Geistigbehinderten- und Verhaltensgestörtenpädagogik, Ludwig-Maximilians-Universität, München
Dagmar Cordes, Diplom-Sozialpädagogin (FH), arbeitet als Lehrgangsleiterin für ein Fortbildungsinstitut in Baden-Württemberg
Anne Frey-Gaska, Diplom-Psychologin; Lehrbeauftragte an der Fakultät für Psychologie und Pädagogik der Universität München
Manuela Fuchs, Schulpsychologin am Staatlichen Schulamt Rosenheim
Eva Heran-Dörr, Dr., Lehrerin und Schulpsychologin, wiss. Mitarbeiterin am Lehrstuhl für Grundschulpädagogik und -didaktik, Ludwig-Maximilians-Universität, München
Heiner Hirblinger, Dr., Seminarlehrer für Pädagogik
Joachim Kahlert, Dr., Professor für Grundschulpädagogik und -didaktik, Ludwig-Maximilians-Universität, München
Sybille Kannewischer, Dr., Dozentin am Lehrstuhl für Geistigbehinderten- und Verhaltensgestörtenpädagogik, Ludwig-Maximilians-Universität, München
Marija Kulis, Dr., Pädagogin (MA), Trainerin und Beraterin zum Problem Mobbing an Schulen
Michael Mestmacher, Gymnasiallehrer, Schulpsychologe und Beratungslehrer
Hans Saloga, Kinderanalytiker, Psychotherapeut für Kinder und Jugendliche, Dozent an der Münchner Arbeitsgemeinschaft für Psychoanalyse MAP (Ausbildungsinstitut für Psychotherapeuten)
Heinz Schlegel, Diplom-Psychologe, Leiter der Staatlichen Schulberatungsstelle Oberbayern West
Richard Sigel, Dr., Dozent am Lehrstuhl für Grundschulpädagogik und -didaktik, Ludwig-Maximilians-Universität, München
Ahmet Toprak, Dr., Diplom-Pädagoge, Referent für Gewaltprävention bei der Aktion Jugendschutz – Bayern
Christoph Winkler, Dr., wiss. Mitarbeiter am Lehrstuhl für Geistigbehinderten- und Verhaltensgestörtenpädagogik, Ludwig-Maximilians-Universität, München

Illustrationen:
Christian Fuchs, Kommunikationsdesigner, Hengersberg

Grafische Gestaltung:
Herbert Woyke, Konturwerk, München
IP Advertising, Mönchengladbach

Für Anregungen und Hinweise ist zu danken:
Dr. Joachim Jungmann, Zentrum für Psychiatrie, Weinsberg
Dr. Christine Kaniak-Urban, Rosenheim
Dr. Christian Lüders, Deutsches Jugendinstitut
Ingrid Panowsky, München
Dr. Christa Schaff, Fachärztin für Kinder- und Jugendpsychiatrie und -psychotherapie, Nervenheilkunde, Psychotherapeutische Medizin, Psychotherapie, Psychoanalyse
Marlene Schütte, Universität Bielefeld
Dr. Ulrich Seiser, Bayerisches Staatsministerium für Unterricht und Kultus
Dr. Wiebke Steffen, Bayerisches Landeskriminalamt
Prof. Dr. Ewald Terhart, Universität Münster

Projektleitung vonseiten der Bundeszentrale für gesundheitliche Aufklärung:
Dr. Eveline Maslon, Köln

Entwicklung und Evaluation der Bausteine

Die von den Autorinnen und Autoren erarbeiteten Bausteine wurden folgenden Experten zugeschickt, die um Stellungnahme gebeten wurden:

Dr. Joachim Jungmann, Chefarzt an der Klinik für Kinder- und Jugendpsychiatrie und Psychotherapie, Weinsberg

Dr. Christian Lüders, Leiter der Abteilung Jugend und Jugendhilfe, Deutsches Jugendinstitut, München

Ingrid Panowsky, Gymnasiallehrerin mit Schwerpunkt soziales Lernen, Gräfeling

Dr. Christa Schaff, Fachärztin für Kinder- und Jugendpsychiatrie und -psychotherapie, Nervenheilkunde, Psychotherapeutische Medizin, Psychotherapie, Psychoanalyse

Marlene Schütte, Wissenschaftliche Mitarbeiterin in der Wissenschaftlichen Einrichtung Laborschule, Universität Bielefeld

Dr. Ulrich Seiser, Ministerialrat, Bayerisches Staatsministerium für Unterricht und Kultus

Dr. Wiebke Steffen, Leitende Regierungsdirektorin, Kriminologische Forschungsgruppe, Bayerisches Landeskriminalamt, München

Prof. Dr. Ewald Terhart, Professor für Schulpädagogik und Allgemeine Didaktik, Universität Münster

Entwürfe und Stellungnahmen wurden auf einer Fachtagung, an der die Autorinnen und Autoren sowie die Experten teilnahmen, beraten. Anschließend überarbeiteten die Autorinnen und Autoren die von ihnen verfassten Bausteine. Diese Bausteine wurden von Lehrkräften an insgesamt 11 Schulen (Hauptschulen, Realschulen, Gymnasien, Gesamtschule) erprobt. Auch diese Rückmeldungen wurden von den Herausgebern genutzt, um die Bausteine in der nun vorliegenden Fassung zu erstellen. Eine große Unterstützung fanden wir dabei in Frau **Dr. Christine Kaniak-Urban**. Sie hat Erfahrungen als Lehrerin, Schulpsychologin, Kinder- und Jugendpsychotherapeutin und langjährige Leiterin des schulpsychologischen Dienstes in Fürstenfeldbruck sowie als freiberuflich tätige Supervisorin und Coach.

Die Herausgeber danken den Experten aus Wissenschaft und Schulpraxis für engagierten Rat und für vielfältige Unterstützung.

1. Auflage

Druck: Frank Druck, Preetz/Holstein
1.200.11.06
ISBN 3-937707-41-7
Bestell-Nr.: 20470000

INHALTSVERZEICHNIS

Seite

Seite

1.
Achtsamkeit und Anerkennung in der Schule – die Grundidee

Kein System mehr! Nicht eine Pose des Überblicks,
sondern wirklicher Überblick aus der Beobachtung der Einzelheiten.
Sten Nadolny[1]

In einem Fortbildungsseminar schilderte eine Lehrerin folgende Begebenheit: Wegen einer dienstlichen Besprechung, die länger als vorgesehen gedauert hat, kam sie knapp 10 Minuten zu spät zum Deutschunterricht der 9. Realschulklasse. Die Schülerinnen und Schüler hatten nicht besonnen gewartet oder gar die Zeit für eigenständiges Lernen genutzt, sondern sich mit dem nassen Schwamm beworfen. Gerade als die Lehrerin den Raum betrat, stürmte auch der Lehrer aus der Nachbarklasse herein. Er wandte sich verärgert und vorwurfsvoll an die Kollegin. Ob sie nicht für Ruhe sorgen und durchgreifen könnte ...

Auf den ersten Blick scheint die Situation klar, etwas Ähnliches dürften viele Lehrerinnen und Lehrer auch schon erlebt haben. Die Beschwerde des Kollegen ist verständlich, vielleicht im Ton zu schroff. Die Lehrerin hätte für eine sinnvolle Beschäftigung der Jugendlichen sorgen müssen. Schließlich weiß man doch, dass Schülerinnen und Schüler gerade in diesem Alter nicht immer besonders einsichtig handeln.

Doch wie reagierten die eben noch uneinsichtig wirkenden Jugendlichen?

Vier junge Männer meldeten sich sofort. Sie bekannten, mit dem Unsinn angefangen und besonders intensiv mitgewirkt zu haben. Es täte ihnen leid, sie hätten nie daran gedacht, der Lehrerin damit Schwierigkeiten zu bereiten. Unaufgefordert holten sie Eimer und Lappen und wischten rasch auf.

1.1 Problemfeld und Ziele

So wie in diesem Beispiel, so liegen auch sonst „Glanz und Elend“ im sozialen Umgang dicht beieinander, und zwar gerade in der Schule. Dort sind Schülerinnen und Schüler, Lehrerinnen und Lehrer in eine Vielzahl von Interaktionen verstrickt. Sie müssen sich auf raschen Szenenwechsel einstellen, mit unterschiedlichen Erwartungen, Gewohnheiten und Interessen zurechtkommen, sich in Konfliktsituationen behaupten, mit Missverständnissen fertig werden und auf Urteile und Interpretationen reagieren, die sie selbst manchmal für falsch halten oder zumindest als voreilig empfinden.

Oft geht das gut und dann trägt Schule dazu bei, dass die Jugendlichen sich und andere besser verstehen lernen und die eigene Persönlichkeit im Umgang mit vielfältigen sozialen Anforderungen weiterentwickeln.

Aber die hohe Kommunikationsdichte und -intensität, der sich niemand entziehen kann, bringt auch Situationen mit sich, die von den Beteiligten als enttäuschend, ja kränkend erlebt werden. Mal wird leichtfertig Schuld zugewiesen, mal voreilig interpretiert, mal oberflächlich gedacht oder schlampig miteinander gesprochen.

Dieses einleitende Kapitel möchte

- anhand einiger Fallbeispiele veranschaulichen, wie leicht soziale Unachtsamkeit den Umgang miteinander auch in der Schule belasten kann („Irritationen lauern überall“; „Kleine Ursachen, großer Schaden – misslingende Kommunikation“),
- die zentrale Rolle der Wahrnehmung bei der Interpretation und Bewertung des Umgangs miteinander bewusst machen („Die Enttäuschungsspirale bremsen“),
- darlegen, dass die Haltung der Achtsamkeit und Anerkennung den Umgang miteinander positiv beeinflussen kann („Spielräume nutzen“),
- zum Anfangen ermuntern („Wie fange ich an?“).

1.2 Irritationen lauern überall

Die in diesem Abschnitt zusammengestellten Fallbeispiele sind authentisch. Sie basieren auf Interviews mit Schülerinnen, Schülern, Lehrerinnen und Lehrern. Lediglich Namen wurden verändert. Erwarten Sie nichts Spektakuläres. Es geht nicht um offenkundige, sichtbare Bedrohungen, nicht um Prügeleien, grobe Beleidigungen oder gezielte Einschüchterungen, es geht vielmehr um den Alltag misslingender Kommunikation im komplexen Handlungsfeld Schule. Wir suchen zunächst nach Zwischentönen, die Missstimmungen erzeugen.

Fallbeispiel 1: Wieso werde ich auch noch bestraft?
In der 7. Klasse eines Gymnasiums wird Corinna von der Geschichtslehrerin mit einem Strich im Notenbuch getadelt. Sie hatte die vor drei Tagen gestellte Hausaufgabe nicht gemacht. Zwar war Corinna an jenem Tag krank. Doch seit zwei Tagen ist sie wieder in der Schule. Sie hatte genügend Zeit, sich nach den Hausaufgaben zu erkundigen. Aus ihrer Sicht war sie auch über alles informiert. An dem Tag, als sie wegen Krankheit fehlte, war Anne, ihre Tischnachbarin, nach der Schule zu ihr gekommen, um mitzuteilen, was erledigt werden muss. Allerdings hatte Anne die Hausaufgaben in Geschichte vergessen. Anne findet die Bestrafung von Corinna deshalb ungerecht. Sie wendet sich am Ende der Stunde an die Lehrerin, um ihre Mitschülerin zu entlasten. Die Lehrerin akzeptiert die Erklärung jedoch nicht, Corinnas Eintrag bleibt bestehen. Außerdem, so schlussfolgert sie, hätte Anne die Hausaufgaben dann ja wohl auch nicht. Anne gibt das zu und bekommt daher nach Ende der Stunde auch noch einen Versäumniseintrag.

Beide Schülerinnen fühlen sich unfair behandelt. Corinna versteht nicht, warum ihr Versäumniseintrag bestehen bleibt. Anne findet es ungerecht, bestraft zu werden. Ohne ihren Versuch, Corinna zu entlasten, hätte die Lehrerin gar nicht bemerkt, dass auch sie die Hausaufgabe nicht hatte. Außerdem muss Anne auch noch mit Corinnas Ärger fertig werden.

Ohne pädagogische Unterstützung finden die beiden Schülerinnen noch keinen eigenen Weg, um die Verstrickungen ihres Handelns und ihrer Wahrnehmungen zu entflechten. So bleiben Verärgerungen und der Eindruck von Willkür. Wie wäre die Situation weitergegangen, wenn man an dieser Schule daran gewöhnt wäre, Enttäuschungen im Umgang miteinander ruhig und sachlich zu äußern und damit einen ersten Schritt zu machen, Missverständnisse und Fehleinschätzungen zu korrigieren?

Fallbeispiel 2: Schicksal?
Im Rahmen eines Forschungsprojekts, das sich mit raumakustischen Bedingungen in Klassenräumen beschäftigt, wurden auch Interviews mit Schülerinnen und Schülern geführt. Unter anderem wurden sie gefragt, ob sie gut hören könnten, was im Unterricht gesagt werde. Ein Hauptschüler, 5. Jahrgang, teilte mit:
„Ich sitze ganz hinten und die Kinder, die vorne sitzen, denen ist das ja egal. Die sind der Lehrerin ja nah, die hören das ja. Und ich sitze ganz hinten. Manchmal liest sie ein Diktat und ich kann nicht gut hören, was sie gesagt hat. Dann lasse ich viele Lücken und komme nicht mit und werde wütend ..."

Die Verstehensprobleme des Schülers können viele Ursachen haben. Möglicherweise spricht die Lehrerin manchmal undeutlich. Vielleicht erschwert Unruhe in der Klasse die Verständlichkeit des gesprochenen Wortes am Platz des Schülers. Der Junge könnte auch eine geringfügige, bisher nicht entdeckte Störung des Hörvermögens haben. Von all dem weiß der Schüler nichts, aber er leidet unter der Situation. Er fühlt sich ungerecht behandelt und ist wütend. Dies weiß wiederum die Lehrerin nicht. So scheint das Schicksal eines rechtschreibschwachen Schülers, der von der Institution Schule nicht mehr viel erwartet, vorgezeichnet. Welche Möglichkeiten würden sich jedoch für ihn ergeben, wenn es an dieser Schule normal wäre, offen und mit Unterstützung der Lehrkräfte darüber zu sprechen, was einen beim Lernen beeinträchtigt und stört?

GRUNDIDEE

Fallbeispiel 3: Sprich nicht drüber!
Gregor ist nach dem Umzug seiner Familie heute den ersten Tag in der Klasse 8 der Realschule. Die in der vierten Stunde unterrichtende Lehrerin regt sich über die Unordnung im Klassenraum auf. Dabei macht sie auch gleich kollektiv adressierte Vorwürfe wegen einiger älterer Kritzeleien auf den Tischen. Sie ordnet an, die Klasse müsse am nächsten Tag nach Unterrichtsschluss die Tische reinigen. Gregor, der mit dem gerade überstandenen Umzug noch einiges zu tun hat, fragt nach, ob er auch dabei sein müsse. Er sei ja heute das erste Mal in der Klasse und habe nun wirklich nichts mit den Schmierereien zu tun. Daraufhin herrscht die Lehrerin ihn an, selbstverständlich müsse er kommen, so lerne er gleich, wie es an der neuen Schule zugehe ... Einige Unterrichtsstunden später berichtet Gregor diesen Vorfall seiner Klassenlehrerin. Sie nimmt sich vor, ihre Kollegin anzusprechen. Diese reagiert jedoch gereizt, weicht zunächst aus und flüchtet sich dann in pseudopädagogische Floskeln über die Notwendigkeit, Schüler müssten lernen, sich in die Klasse einzuordnen.

Gregor musste zunächst einmal lernen, Willkür zu ertragen. Zwar hat er nach und nach auch andere Lehrerinnen und Lehrer kennen gelernt, aber die Lehrerin seines Vertrauens war auch nicht in der Lage, ihre Kollegin dazu zu bewegen, wenigstens darüber nachzudenken, ob sie nicht vielleicht doch falsch gehandelt habe. Wie sehr könnten Gregor und die beiden Lehrerinnen davon profitieren, wenn es an der Schule eingespielte Verfahren und Regeln gäbe, die es im Konfliktfall allen Beteiligten ermöglichen, ihr Unbehagen sachlich und in einer Atmosphäre gegenseitigen Respekts vorzubringen?

1.3 Kleine Ursache, großer Schaden – misslingende Kommunikation

Misslingende Kommunikation gibt es nicht nur in der Schule. Sie verdirbt auch in anderen Unternehmungen das Klima, führt zu unproduktiven Informationsverlusten und ist manchmal sogar Ursache für großtechnische Pannen und Katastrophen.[3] Fehlende Umsicht im Umgang miteinander, vorschnelle Urteile und mangelnde Rücksichtnahme belasten und beschädigen im Berufs- und Alltagsleben Beziehungen und Personen. Aber Schule kann und sollte für einen verständigen Umgang mehr bieten als andere Einrichtungen und Orte, wo Menschen miteinander kooperieren und kommunizieren. Als pädagogische Einrichtung hat sie die Chance, Verständnis, Fähigkeiten und Verantwortung für die bewusste Gestaltung sozialer Beziehungen grundzulegen, zu fördern und zu pflegen. In jedem Fall sollte sie sich darum bemühen, die schädlichen Folgen misslingender Kommunikation für die Entwicklung der ihr anvertrauten jungen Menschen möglichst klein zu halten. Dies gelingt offenbar nicht immer:

- Psychotherapeuten berichten, Jugendliche würden sich in der Schule oft deshalb ungerecht behandelt fühlen, weil es ihnen nicht gelänge, sich in ihrer Sprache den Erwachsenen verständlich zu machen.[4]
- In einer Befragung von knapp 3.000 Studenten aus Deutschland, Österreich und der Schweiz gaben knapp 30 Prozent der Befragten an, sie seien in der Schulzeit von Lehrern als dumm bezeichnet worden. Gut ein Viertel habe sich anhören müssen, für die Schule nicht geeignet zu sein; 75 Prozent der Studierenden hatten Kränkungen erlebt, die sie noch nach der Schulzeit beschäftigten.[5]

- Weil es in der Schule immer wieder zu einer Vermengung von Lern- und Prüfungssituationen kommt, ist Lernen in der Schule oft mit Versagensängsten und Konkurrenzdruck verbunden.[6]
- Auch untereinander verletzen sich die Schülerinnen und Schüler, ohne dabei immer eine böse Absicht zu verfolgen. „Streber", „du stellst saublöde Fragen", „kannst du nicht einmal moderne Klamotten tragen" – solche Bemerkungen mögen die meisten Jugendlichen als harmlose Neckerei ansehen und ertragen, aber andere fühlen sich dadurch verunsichert und verletzt. Verbale Aggressionen und Hänseleien belasten das Klima in Schule und Unterricht[7] und gelten als die dort am häufigsten anzutreffenden Formen manifester Gewalt.[8]

So wird man realistischerweise davon ausgehen müssen, dass sich in Schule und Unterricht täglich Situationen ereignen, die Kinder und Jugendliche verunsichern und verletzen.[9] Dies dürfte auch für Lehrerinnen und Lehrer gelten. Verunsicherungen beeinträchtigen nicht nur die Qualität des Schullebens und die Persönlichkeitsentwicklung, sondern auch die Qualität der Lernumgebung. Das heute geforderte kooperative, aufgaben- bzw. problemorientierte Lernen[10] setzt eine verständigungsorientierte Lernatmosphäre voraus, die einen Austausch von Gedanken und ein Aushandeln von Interpretationen ermöglicht, frei von Sorge und Furcht, sich zu blamieren und bloßgestellt zu werden.

Jugendliche, so der Ausgangspunkt der folgenden Überlegungen, reagieren besonders empfindlich auf Missverständnisse und auf tatsächliche und vermeintliche Missachtungen. Ihnen fällt es schwer, das immer prekäre Zusammenwirken von Emotionen, Wahrnehmung, Interpretation und Verhalten gelassen zu bewältigen.

1.4 Die Enttäuschungsspirale bremsen – die Macht der Wahrnehmung bewusst machen

GRUNDIDEE

Suchen und Ringen – Heranwachsende im (frühen) Jugendalter

Das frühe Jugendalter, in dem die Heranwachsenden die 5. bis 9. Klassen der Schule besuchen, ist als Phase des Übergangs von der Kindheit in die Erwachsenenwelt gekennzeichnet von einem „Ringen um Identität".[11] Die Jugendlichen werden selbstständiger gegenüber ihrer Herkunftsfamilie, gehen neue emotionale Bindungen und Peer-Beziehungen ein und erleben zunehmend Ansprüche an die eigene Verantwortung. Mit größeren Freiheiten nimmt auch die Entscheidungslast zu. Neue Einstellungen und Verhaltensweisen müssen erprobt, die verschiedenen Wertesysteme der Schule, der Familie und der Peers ausbalanciert werden. Das Vertraute hat sich überlebt, aber das Neue ist noch nicht vertraut. So wächst der Bedarf nach Antwort auf die Frage, was die persönliche Besonderheit ausmacht und wie sie zum Ausdruck gebracht werden kann.[12]

Hinzu kommt, dass sich biographisch bedeutsame Entscheidungen anbahnen, die das zukünftige Berufsleben und die Formen des partnerschaftlichen Zusammenlebens betreffen. Die Jugendlichen reagieren auf diese Unwägbarkeiten der Zukunft entsprechend ihren bisherigen Lernmöglichkeiten und Erfahrungen. So scheinen Jugendliche, die von sich meinen, gute soziale Ausgangsvoraussetzungen mitzubringen, dem verstärkten Wettbewerb um Ausbildungs- und Arbeitsplätze eher mit Leistungsbereitschaft zu begegnen. Dagegen neigen Jugendliche mit einer weniger guten Einschätzung ihrer Aussichten eher zur Resignation und sogar zur Aggression.[13] Dies mag mit dazu führen, dass in der Altersgruppe der 15- bis 17-Jährigen verbale Aggressionen und körperliche Gewalt einen Höhepunkt erreichen.[14]

Emotionen sind immer dabei

Wenn zutrifft, dass sich das soziale Leben „in einem Strom von Emotionen"[15] abspielt, dann sind gerade Jugendliche in der Schule anfällig für Enttäuschungen und für erlebte Zurückweisung. Soziale Interaktionen mit Eltern, Lehrern, Freunden und potenziellen Sexualpartnern sind komplex und deshalb konfliktanfällig. Sie erfordern emotionale und soziale Kompetenzen, die sich jedoch erst noch entwickeln müssen.[16] Bereits das Gefühl, abgelehnt oder missachtet zu werden, kann die Spirale aus Enttäuschung, Distanzierung, abweichendem Verhalten und erneuter Enttäuschung nähren. Gefühl und Wahrnehmung schaukeln sich dann gegenseitig hoch:

- Aggressives Verhalten kann auf unterschiedliche Interpretationen zurückgehen, die Personen von einer Situation haben.[17] Entscheidend dabei ist nicht die objektive Situation an sich, sondern die Deutung der Situation durch den jeweiligen Jugendlichen. Schon das Gefühl ungerecht behandelt zu werden, fördert Aggression.[18]
- In der Literatur werden zahlreiche außerschulische und innerschulische Bedingungen genannt, die Aggression und Gewalt begünstigen können. Dazu zählen Veränderungen in den Familienkonstellationen, die Konfrontation mit heterogenen Wertmustern, Ungewissheit gegenüber der Zukunft, Medieneinflüsse und nicht zuletzt Ängste vor einem möglichen sozialen Abstieg.[19] Aber Gewalt kann auch mit dem Gefühl zusammenhängen, mangelnde Anerkennung zu erfahren und mit Versagenserfahrungen alleingelassen zu werden.[20]
- Die Schul- und Unterrichtsforschung konnte über verschiedene Schulfächer hinweg und länderübergreifend zeigen, dass die subjektiven Wahrnehmungen der Schüler über Situationen und Angebote des Unterrichts deren Unterschiede im Fühlen, Verhalten und in der kognitiven Verarbeitung weitaus stärker erklären als Daten, die auf (vermeintlich) objektiver Beobachtung beruhen.[21]

- Auch empirische Befunde über den Zusammenhang von Schulklima und Gewalt unterstreichen das Zusammenwirken von Gefühl und Wahrnehmung bei der Spirale sozialer Enttäuschungen: In Schulklassen, in denen nach Befragung der gesamten Klasse ein eher schlechtes Klima herrscht, fühlen sich die Schüler weniger wohl. In solchen Klassen zeigt sich auch eine deutlichere Neigung zur Gewaltintensität als in Schulklassen, deren Klima von den Schülerinnen und Schülern eher positiv beurteilt wird.[22]

Wahrnehmung und Interpretation des anderen und der eigenen Beziehungen zum anderen erweisen sich somit im Zusammenspiel mit Emotionen auch und gerade in der Schule als empfindsame, fragile, zugleich aber auch als mächtige Einflüsse auf die Qualität der sozialen Beziehungen. Deren Gelingen und Misslingen liegen, vermittelt über die Wahrnehmung des anderen und über die Interpretation seiner Absichten, dicht nebeneinander. Die Haltung der Achtsamkeit und Anerkennung berücksichtigt das Bedürfnis nach Wertschätzung und schafft Spielräume für die bewusste Wahrnehmung anderer.

1.5 Achtsamkeit und Anerkennung – Spielräume nutzen

GRUNDIDEE

Soziale Verunsicherungen, Missverständnisse, Anlässe für Unachtsamkeiten und Herabsetzungen sind vielfältig. Sie werden versehentlich und absichtlich herbeigeführt, gehen auf individuelle Eigenheiten von Schülern, Lehrern, auf problematische Konstellationen von Tätern und Opfern, auf klimatische Gegebenheiten an der Schule und anderes mehr zurück. Für alle einzelnen Ursache-Wirkungs-Konstellationen mögen spezialisierte Trainingsprogramme nützlich sein, aber die Gestaltung des Alltags in seiner Vielfalt lässt sich nicht mit einem Paket spezialisierter Trainingsprogramme regeln.

Darum bietet das Projekt „Achtsamkeit und Anerkennung" auch kein solches Trainingsprogramm an. Es dient auch nicht der Therapie schwerer Verhaltensstörungen und es liefert auch keine Rezepte für den Umgang mit hartnäckigen Schulverweigerern und besonders gewaltbereiten Jugendlichen. Vielmehr zielt es darauf, die Qualität der alltäglich erfahrbaren sozialen Beziehungen in der Schule zu verbessern – und damit dem stark abweichenden Sozialverhalten vorzubeugen.

Mit der Betonung der Wahrnehmung für das Gelingen sozialer Beziehungen liegt dem Projekt ein moderat-konstruktivistisches Verständnis sozialer Situationen und Ereignisse zugrunde. Die gegebenen Umstände, unter denen Menschen zusammenkommen, spielen dabei eine Rolle, determinieren aber das Verhalten in den Situationen nicht. Wahrnehmungen, Gewohnheiten, Eigenheiten der beteiligten Individuen und die Gegebenheiten der Situation wirken zusammen und bringen hervor, was Menschen als soziale Wirklichkeit erleben, gestalten oder erleiden.[23]

Das ist auch in dem komplexen sozialen System Schule[24] so. Dort treffen Schülerinnen und Schüler, Lehrerinnen und Lehrer auf Verhaltens- und Leistungserwartungen, ausdrückliche und implizite Regeln, Hierarchien und personale Eigenheiten anderer Menschen. Aus der Sicht des einzelnen Schülers und Lehrers sind dies zunächst einmal vorgefundene soziale Tatsachen. Sie beeinflussen Verhalten und Wahrnehmungen, diktieren sie aber nicht. So gibt es in jeder Schulklasse Schülerinnen und Schüler, die mit einem zynischen Lehrer zurechtkommen. In jeder Schule findet man Lehrerinnen und Lehrer, die sehr gut mit den sozialen Herausforderungen eines als schwierig geltenden Einzugsgebietes oder auch mit schwierigen Kollegen umgehen können. Trotz annähernd gleicher Anforderungen wirken manche Lehrer weniger ausgebrannt als andere. Manche Schülerinnen und Schüler nehmen Leistungsdruck als Herausforderung wahr, andere als Einschüchterung. Soziales Handeln ist, bei aller Berücksichtigung der vorgefundenen Bedingungen und der mitgebrachten Erfahrungen, auch immer Handeln auf der Grundlage von situativ generierten Interpretationen. Damit öffnen sich Spielräume für die Gestaltung der Beziehungen zu anderen und damit auch der eigenen Entwicklung.

Angesichts der Erwartungen, Setzungen und Sanktionen, mit denen Schule auch arbeitet, wäre es jedoch zynisch und eine idealisierende Vereinfachung zu unterstellen, Jugendliche seien in der Schule Akteure ihrer selbst. Dies würde die Verantwortung für misslingende Schulkarrieren einseitig auf die Jugendlichen abschieben.[25] Aber Schule kann es als Aufgabe annehmen, durch Schaffung eines förderlichen sozialen Raumes Jugendliche zu befähigen, Gestalter ihrer eigenen Entwicklung zu werden. Dazu gehört auch, sie dabei zu unterstützen, sich ein reflektiertes Bild von den sozialen Situationen zu machen, in die sie tagtäglich verstrickt sind und die ihre Entwicklung begleiten und beeinflussen.

Im Jugendalter stellt sich die Entwicklungsaufgabe, Jugendliche dabei zu unterstützen,

- Gefühle angemessen einzubringen und auch die von anderen zu beachten,
- Verantwortung für die Gestaltung von sozialen Situationen zu übernehmen,
- zunehmend selbstständig ihre sozialen Beziehungen zu regeln und zu gestalten,
- mit Sprache auszudrücken, was man erlebt, fühlt und was man erreichen will,
- auf die verbalen und nonverbalen Signale anderer reagieren zu können,
- Mädchen eher darin zu bestärken, auch ihre Positionen gegen Widerspruch zu vertreten und die Jungen darin zu fördern, im Handeln auch die Interessen und Bedürfnisse der anderen zu respektieren und zu berücksichtigen.

Dies alles gelingt besser, wenn man sich nicht von der Unmittelbarkeit der eigenen Wahrnehmung zum Urteilen und Handeln verleiten lässt. Handlungsdruck, große Personennähe und die institutionell gewollten raschen Szenenwechsel in der Schule sind für alle Beteiligten anstrengend. Ist man ihnen konzeptionslos ausgeliefert, besteht die Gefahr, Hektik mit Hektik, Unfreundlichkeit mit Unfreundlichkeit, Vorurteil mit Vorurteil zu begegnen. Das zermürbt auf Dauer den Einzelnen, belastet das Klima und kann aufgrund der unvermeidlichen Missverständnisse Aggression nähren.

Das Projekt „Achtsamkeit und Anerkennung" möchte Sie dabei unterstützen, die Enttäuschungsspirale misslingender Kommunikation einzudämmen. Es setzt dabei auf die Möglichkeit aller Beteiligten, Einsicht in die gemeinsam zu tragenden und gemeinsam zu lösenden Herausforderungen des sozialen Miteinanders in der Schule zu gewinnen.

Einsicht alleine genügt dafür aber nicht. Sie kann zwar den Umgang mit Jugendlichen, aber auch mit Erwachsenen, erleichtern, aber sie bietet noch nichts für die emotionale Bedürftigkeit. Vor der Einsicht steht, gleichsam als Motivation für die Nutzung dieser reflexionsorientierten Ressource, die Erfahrung, als Person angenommen und wertgeschätzt zu werden. Den ersten Schritt kann jeder machen, der bereit ist, dem anderen Anerkennung entgegenzubringen. In der Schule sollten dies zunächst die Lehrerinnen und Lehrer sein.

Eine Haltung der Anerkennung

Unter Anerkennung verstehen wir eine Haltung, die den anderen als eine Person mit eigenen Wünschen, Bedürfnissen, Auffassungen und Interessen respektiert, unabhängig von Leistungen dieser Person oder gar von dem Nutzen dieser Person für einen selbst.[26] Sie gilt als ein anthropologisches Grundbedürfnis[27] und als eine Grundlage für Solidarität, die individuelles Streben nach sozialer Wertschätzung zulässt, ohne dass man Missachtung fürchten muss.[28] Als Grunderfahrung des Kindes gegenüber Eltern bietet sie eine Basis für die Entwicklung von Selbstachtung.[29]

Anerkennung als persönliche Haltung gegenüber dem anderen gibt damit dem vernunftregulierten Handeln erst die menschliche Färbung. Immanuel Kant mag recht damit gehabt haben, dass der Verstand es selbst einem Volk von Teufeln ermöglichen würde, friedlich miteinander umzugehen.[30] Doch wer nur aus Einsicht in den gegenseitigen Nutzen die gemeinsam geteilten Regeln befolgt, kann dies auch aus kalter Berechnung tun. Dies mag einem „Volk von Teufeln" einen verträglichen Umgang bescheren, aber zugrunde liegt ein teuflischer Pakt. Erst die Anerkennung des anderen bringt Menschlichkeit ins Spiel.

Wer eine Haltung der Anerkennung einnimmt, muss deshalb nicht alle Zumutungen im Verhalten eines anderen akzeptieren. So wie die Freiheit des einen dort endet, wo die Freiheit des anderen ungerechtfertigt eingeschränkt wird, so stößt auch das Recht auf Anerkennung für jeden Einzelnen an eine Grenze, wenn sie das Recht anderer auf Anerkennung unverhältnismäßig beeinträchtigt.

Was als „unverhältnismäßig" gilt, wird zwar von vorherrschenden Normen und Werten beeinflusst, kann sich aber erst in der Begegnung zwischen einzelnen Menschen erweisen. Deren Wahrnehmung und Geschick im Umgang miteinander entscheidet letztlich darüber, ob zum Beispiel ein Verzicht auf eigene Ziele eher als Rücksichtnahme oder eher als Konfliktscheu erfahren wird.

Daher lässt sich Anerkennung auch nicht als ein Katalog starrer Verhaltensanforderungen operationalisieren. Entscheidend ist die Haltung, dem anderen im Umgang miteinander Rechte und Bedürfnisse respektvoll einzuräumen. Dazu gehören zum Beispiel das Recht auf Wohlbefinden und auf Diskretion sowie das Recht, gemocht werden zu wollen, das Recht auf ein eigenes Urteil und auf eigene Ansichten, das Recht sich zu erklären und verstanden werden zu wollen.

Die Philosophie der „zweiten Chance"

Anerkennung ist eine Haltung, die dem anderen eine „zweite Chance" gewährt. Eine Enttäuschung über ein Verhalten wird nicht sofort mit einer negativ gemeinten Reaktion beantwortet. Die „zweite Chance" beruht auf der Einsicht, dass möglicherweise nicht der andere falsch reagiert hat, sondern dass man selbst etwas falsch verstanden haben könnte. Anerkennung des anderen bedeutet daher auch, sich zu versichern, nachzufragen, nicht sofort mit eigenen Enttäuschungen zu reagieren. Die Haltung der Anerkennung findet ihren praktischen Ausdruck in einem Umgang der Achtsamkeit. Dazu gehört:

- **Zugewandtheit** als Bereitschaft, sich auf andere einzulassen, zuzuhören und nachzufragen, wenn man etwas noch nicht verstanden hat,
- **Verstehensorientierung** durch Schaffung von Erfahrungen, die einem zeigen, dass man durch nähere Informationen über die Handlungsbedingungen einer Person deren Verhalten besser verstehen kann,
- **sozialer Optimismus**, der sich u.a. im Vertrauen darin ausdrückt, dass man auch selbst die Chance bekommt, sich zu erklären, wenn man sich falsch verstanden fühlt,
- das **Gewähren einer zweiten Chance**, nach dem man anderen sowie sich selbst die Möglichkeit zugesteht, Fehler im Umgang miteinander zu machen und aus ihnen zu lernen,
- das **Bemühen um Interessenausgleich**, indem man versucht, den anderen an der Lösung von Problemen und Konflikten zu beteiligen und bei Meinungsverschiedenheiten und Interessenkonflikten gezielt (vorläufige) Lösungen zu finden, die von allen Beteiligten angenommen werden können,
- **Zuverlässigkeit und Respekt** vor dem anderen als Bereitschaft zur Diskretion und zur Einhaltung von Vereinbarungen.

Ein achtsamer Umgang schafft die Voraussetzung für aktives, zugewandtes Zuhören, das wiederum erst ermöglicht, Situationseinschätzungen, Urteile, Wahrnehmungen zur Sprache zu bringen. Schon John Dewey hat darauf hingewiesen, dass das „Zursprachebringen" von Situationen und Eindrücken die Chance gemeinsamen Lernens erhöht.[31] Achtsamkeit öffnet den kommunikativen Raum für ein heuristisches Interesse an der Begegnung mit dem anderen. Sie ist praktischer Ausdruck einer „morality of communication", sich verständigungsorientiert um Interpretation von Äußerungen des anderen zu bemühen und sich so zu verhalten, dass auch der andere sich einbringen und sich erklären kann.[32]

Anerkennung als Erfahrungsbasis für Wertbindung ...

In seinem Entwurf für sittliches Handeln in hoch differenzierten und pluralistischen Gesellschaften, in denen unterschiedliche Zukunftsentwürfe und Wertvorstellungen miteinander konkurrieren, stellt der Sozialphilosoph Axel Honneth das Streben nach Anerkennung in den Mittelpunkt.[33] Danach sind eine anerkennende Grundhaltung und achtsames soziales Handeln Ausdruck und Nährboden für Toleranz und Respekt vor dem anderen sowie für die Bereitschaft, Verantwortung bei der Gestaltung der eigenen sozialen Beziehungen zu übernehmen.

Schule, die auch Wertebildung anstrebt, sollte zwar dafür Sorge tragen, dass die anzustrebenden Werte auch begründet, rational interpretiert und verstanden werden. Aber die Wertbindung selbst kann nicht alleine auf Einsicht bauen, sie muss sich auf Erfahrungen stützen.[34] Der Austausch von Wahrnehmungen und Interpretationen als gelebte Wertschätzung des anderen gilt daher seit Langem als eine Basis für die Sicherung demokratischer Ansprüche an das Zusammenleben.[35] Ohne Erfahrung fehlt der Einsicht nicht nur Anschauung, sondern auch der motivationale Antrieb. Nicht zuletzt verschafft Anerkennung auch im Umgang miteinander Sicherheit. Jemanden ausreden zu lassen, darauf zu achten, dass man sich erklären kann, Geduld entwickeln, Interesse am Standpunkt des anderen zeigen (und formulieren), statt den anderen gleich überzeugen zu wollen – all dies ist fragil und wird immer wieder neu herausgefordert, aber man kann das üben und sich daran gewöhnen. In dem Maße, wie man dies erfolgreich versucht, erhöht man die Chance, die Spirale der Enttäuschungen einzudämmen und eine Spirale des Gelingens zu pflegen.

... lohnt sich auch für das Lernen

Eine Orientierung auf Achtsamkeit und Anerkennung dient nicht nur dem sozialen Lernen, sondern auch dem Hauptzweck von Schule: den Lernerfolg verbessern. Ein von Achtsamkeit und Anerkennung getragenes Schul- und Unterrichtsklima fördert die Entwicklung sozialer Kompetenzen wie Kooperationsbereitschaft, Teamfähigkeit, Konfliktfähigkeit und Toleranz. Diese personalen Ressourcen sind für eine angemessene Gestaltung sozialer Beziehungen notwendig[36] und gelten darüber hinaus als Schlüsselqualifikationen für beruflichen Erfolg.[37]

Seit Jahrzehnten belegen Schulvergleiche, dass die Übertragung von Verantwortlichkeit an Schüler und ein von ihnen als förderlich erfahrenes Schulklima sowohl das Sozialverhalten an der Schule als auch die Schülerleistungen verbessern helfen.[38] Lehrerinnen und Lehrer, die von ihren Schülern als diskursorientiert wahrgenommen werden, sind laut Urteil von Schülerinnen und Schülern auch gerechter, hielten besseren Unterricht, zeigten Schülern gegenüber mehr Respekt und würden für ein besseres Unterrichtsklima sorgen.[39] In einer Befragung von Hauptschülern wurde denjenigen Lehrern am meisten Wertschätzung entgegengebracht, die sich aus Sicht der Schülerinnen und Schüler um Verständnis und um Förderung bemühten.[40] Als Qualitätsmerkmal für Unterricht gilt daher zu Recht unter vielen anderen die Einhaltung einer freundlichen und gesitteten Atmosphäre mit einem von gegenseitiger Achtung getragenen Umgangston.[41] Gerade der Eindruck der Schüler, von den Lehrkräften akzeptiert zu werden, wirkt sich integrierend aus.[42] Nicht zuletzt hat sich eine schulische Lernumgebung, die für die Schüler erkennbar auf Förderung gerichtet ist, die Ausgrenzung vermeidet und die Schüler an der Gestaltung des Schullebens teilhaben lässt, als ein wirksames Mittel gegen Gewaltentwicklung an Schulen erwiesen.[43]

1.6 Wie fange ich an?

Der erste Schritt ... den haben Sie schon gemacht

Als Lehrerin und Lehrer mögen Sie dies alles einleuchtend finden, dazu auch etwas beitragen wollen und sich gerade deshalb fragen, wie fange ich das an?

Den Anfang haben Sie schon gemacht. Warum sonst hätten Sie dieses Material in die Hand genommen? Mag sein, dass der Titel Sie angesprochen, eine Fallbeschreibung Ihr Interesse geweckt oder eine Kopiervorlage Sie neugierig gemacht hat. Aber warum konnten Titel oder Inhalt Ihr Interesse wecken? Weil Sie nach Wegen suchen, den Umgang an Ihrer Schule zu verbessern. Sie mögen sich ärgern, unzufrieden sein oder einfach den Eindruck haben, das soziale Miteinander könnte besser werden. Entscheidend ist Ihr Eindruck, es könnte sich lohnen, dafür Zeit und Energien zu investieren. Dabei wollen wir Sie unterstützen.

Um sich selbst noch stärker in die Gestaltung von Achtsamkeit und Anerkennung hineinzudenken, schlagen wir vor, dass Sie sich zunächst folgende Fragen stellen:

- Was müsste sich ändern, damit ich sagen könnte, an unserer Schule gehen die Menschen anerkennend und achtsam miteinander um?

- Was hindert mich bisher daran, dies so zu sehen?
- Was könnte ich selbst zu einem anerkennenden und achtsamen Umgang beitragen?
- Wo werden die größten Hindernisse liegen?
- Welche Art von Unterstützung könnte ich brauchen?

Der zweite Schritt: Partner suchen

Auch wenn man mitunter schon durch Änderungen der eigenen Wahrnehmung und des eigenen Verhaltens Fortschritte im Umgang miteinander erreichen kann, ist es entlastend, Bündnispartner zu haben. So lassen sich Wahrnehmungen austauschen, Fortschritte und Rückschläge analysieren und Lösungen für schwierige soziale Beziehungen diskursiv abwägen. Bei der Suche nach Partnern könnten Antworten auf folgende Fragen hilfreich sein:

- Wer könnte sich in meinem Kollegium sonst noch für die Grundidee interessieren?
- Wann und wie spreche ich diejenigen an?
- Welchen Vorschlag für das erste Treffen unterbreite ich, damit man nicht dabei stehen bleibt, sich gegenseitig der guten Absichten zu versichern?
- Könnte ich dafür auch die vorliegende Handreichung einsetzen? Welcher Baustein, welche Grundüberlegung, welche Fallschilderung scheint mir dafür besonders geeignet?

Der dritte Schritt: Einzelne Bausteine nutzen

GRUNDIDEE

Die besten Absichten nützen nichts, wenn sie nicht zu wahrnehmbaren Veränderungen führen. Die im Projekt „Achtsamkeit und Anerkennung" erarbeiteten und erprobten Vorschläge werden Ihnen in einzelnen Bausteinen angeboten, die Sie entsprechend Ihrem Bedarf auswählen und einsetzen können. Außerdem wurde versucht, Ihr schulisches Engagement nach angestrebter Reichweite und damit nach dem Aufwand, der dafür zu leisten ist, zu differenzieren:

- **Das betrifft zunächst nur Sie - die eigene Wahrnehmung:**
Hier steht Ihr Umgang mit den Schülerinnen und Schülern, mit den Kolleginnen und Kollegen, aber auch mit den Eltern im Mittelpunkt. Was können Sie tun, um den anderen Anerkennung entgegenzubringen? Wie verändert sich Ihre Wahrnehmung, wenn Sie den anderen achtsamer als sonst begegnen? Wann könnten Sie in Ihren Reaktionen auf Schüler und Kollegen das Prinzip der zweiten Chance beherzigen?
- **Engagement mittlerer Reichweite - Ihre Schülerinnen und Schüler:**
Eine Umsetzung der Ihnen wichtigen Vorschläge und Anregungen können Sie zunächst zusammen mit denjenigen Schülerinnen und Schülern anstreben, die Sie selbst unterrichten, sei es als Klassenleiter bzw. -leiterin oder als Fachlehrerin bzw. -lehrer mit besonderem Zugang zu einzelnen Klassen. Sie müssen dabei ja nicht mit allen Klassen zugleich anfangen. Setzen Sie Schwerpunkte!
- **Engagement größerer Reichweite – Ihre Schule als Ganzes:**
Ein achtsamer und anerkennender Umgang muss und kann sich auf Dauer nicht auf eine Gruppe Auserwählter beschränken. Je mehr Menschen an Ihrer Schule einbezogen sind und mitwirken und sich die gemeinsame Gestaltung des Schulklimas zu einem Anliegen machen, umso größer ist die Chance des Gelingens. Sicherlich wird es an einigen Schulen möglich sein, die Gestaltung eines achtsamen und anerkennenden Schulklimas zu einem Projekt für die Schulentwicklung zu machen und als Profilbildung für die Schule zu nutzen.

Jeder Baustein beginnt mit einem alltagsnahen Schul- bzw. Unterrichtsproblem („Problemfeld"). Dann wird der „Lösungsansatz" sowie der theoretische Rahmen skizziert („Theoriehintergrund/Forschungsergebnisse"). Schließlich erfolgt eine ausführliche Darstellung der unterrichts- bzw. schulpraktischen Maßnahmen („Anregungen"). Einen Überblick über die Bausteine im Einzelnen bietet das Inhaltsverzeichnis (S. 6-9) sowie die problemorientierte Angebotsübersicht (S. 10).

„Achtsamkeit und Anerkennung" macht das „Abenteuer des Zusammenlebens"[44] in der Schule nicht frei von Risiken und Gefährdungen. Die Realität sozialen Handelns in der Schule ist zu vielschichtig, um allen Enttäuschungen und Verletzungen vorbeugen, alle Missverständnisse vermeiden und alle Konflikte konstruktiv lösen zu können.

Aber soziale Ereignisse entwickeln sich nicht zwangsläufig urwüchsig. Sie sind nicht nur schicksalhaft vorgegeben, sondern auch abhängig von Wahrnehmungen, Gestaltungswillen, von der Bereitschaft, sich zu kümmern, sich einzulassen. Sie können einfach hingenommen werden, laufen dann ab und jemand bezahlt den Preis, in Form einer nachhaltigen Verletzung. Aber man kann auch mit darauf hinwirken, dass sie „von Einsichten begleitet"[45] und zunehmend auch geleitet werden. Das ändert zunächst noch nichts an ungünstigen und schwierigen Umständen, aber es dämmt deren ungezügelten Einfluss auf das ein, was Menschen aus ihnen machen. So wird es etwas wahrscheinlicher, dass Unachtsamkeiten vermieden werden und dass befriedigende soziale Situationen erlebt und entsprechende Beziehungen geknüpft werden können.

„Achtsamkeit und Anerkennung" bietet kein systematisches Training, wohl aber einen gezielten Zugang, den man am ehesten mit „genauer Hinsehen und umsichtiger Handeln" zum Ausdruck bringen kann. Für diese „Kultivierung der Schule als zivile Lebensform"[46] benötigen Lehrerinnen und Lehrer keine „Heldenmoral" (Fritz Oser)[47], sondern einen pädagogischen Blick für das soziale Geschehen. Es geht darum, das mitunter als leidvoll erlebte Zusammenwirken von Gegebenheiten, sozialen Interaktionen, Wahrnehmungen und Interpretationen aufzuhellen. In dem Maße, wie dieses Zusammenwirken sichtbar und durchschaubar wird, verliert es auch den Anschein der Schicksalhaftigkeit und wird gestaltbarer. Die Chance, Anerkennung und Achtsamkeit zu lernen und zu üben, eröffnet sich überall dort, wo Menschen zusammenkommen. Systeme machen soziales Handeln nur verschieden interpretierbar. Es kommt aber darauf an, Chancen zur Gestaltung zu sehen und zu nutzen.

GRUNDIDEE

Anmerkungen

1 Nadolny, St. (1994): Die Entdeckung der Langsamkeit, 29. Auflage, S. 315
2 Vgl. Kahlert, J.; Hagen, M.; Hemmer-Schanze, Ch.; Huber, L. (2004): Hören fördern. Auf dem Weg zu einer „leiseren Schule". In: Die Deutsche Schule, S. 333-344
3 Vgl. Frey, D. (2000): Kommunikations- und Kooperationskultur aus sozialpsychologischer Sicht. In: Mandl, H. & Reinmann-Rothmeier, G. (Hrsg.): Wissensmanagement. München und Wien, S. 73-92
4 Kircher, I. (2001): Cool – und doch verletzbar. In: Pädagogik, H. 7-8, S. 22-26
5 Krumm, V. & Weiss, S. (2001): „Du wirst das Abitur nie bestehen". Befunde aus einer Untersuchung über verletzendes Lehrerverhalten. In: Lernchancen, H. 20, S. 14-18
6 Siehe Weinert, F. E. (1998): Neue Unterrichtskonzepte zwischen gesellschaftlichen Notwendigkeiten, pädagogischen Visionen und psychologischen Möglichkeiten. In: Bayerisches Staatsministerium für Unterricht, Kultus, Wissenschaft und Kunst (Hrsg.): Wissen und Werte für die Welt von morgen. München, S. 109f.
7 Siehe Holtappels, H. G. & Meier, U. (1997a): Gewalt an Schulen. Erscheinungsformen von Schülergewalt und Einflüsse des Schulklimas. In: Die Deutsche Schule, H. 1, S. 50-62; Martin, L. R. (1999): Gewalt in Schule und Erziehung, Bad Heilbrunn; Sertl, M. u.a. (1995): Jugend und Gewalt, Gewalt an Schulen. In: Meleghy, T. u.a. (Hrsg.): Soziologie im Kontext der Wissenschaften. Zur Identität einer Disziplin, Opladen, S. 197-214; Tillmann, K.-J.; Holler-Nowitzki, B.; Holtappels, H. G.; Meier, U.; Popp, U. (1999): Schülergewalt als Schulproblem. Verursachende Bedingungen, Erscheinungsformen und pädagogische Handlungsperspektiven, Weinheim und München, S. 238
8 Siehe dazu Dann, H.-D. (1997): „Aggressionsprävention im sozialen Kontext der Schule". In: Holtappels, H.-G.; Heitmeyer, W.; Melzer, W. & Tillmann, K.-J. (1997): Forschung über Gewalt an Schulen. Erscheinungsformen und Ursachen, Konzepte und Prävention, Weinheim und München, S. 351-366; Olweus, D. (1995): Gewalt in der Schule. Bern; Schubarth, W.; Kolbe, F. U. & Willems, H. (Hrsg.) (1996): Gewalt an Schulen. Ausmaß, Bedingungen und Prävention. Opladen
9 So auch die Einschätzung von Oser, F. (1997): Abschied von der Heldenmoral. In: Vierteljahreszeitschrift für Heilpädagogik und ihre Nebengebiete, H. 2, S. 226
10 Topping, K. & Ehly, S. (Hrsg.) (1998): Peer-assisted learning. New York
11 Oerter, R. & Dreher, E. (1995): Jugendalter. In: Oerter, R. & Montada, L. (Hrsg.): Entwicklungspsychologie, 3. Auflage, Weinheim, S. 351
12 Siehe Linssen, R; Leven, I. & Hurrelmann, K. (2002): Wachsende Ungleichheit der Zukunftschancen? Familie, Schule und Freizeit als jugendliche Lebenswelten. In: Deutsche Shell (Hrsg.): Jugend 2002, 14. Shell Jugendstudie. Hamburg und Frankfurt, S. 78f.; Stauber, B. (2001): Junge Frauen und Männer in Jugendkulturen. In: deutsche jugend, S. 62-70
13 Vgl. Linssen, R. & Hurrelmann, K. (2003): Was wissen wir über Jugendliche heute? Befunde der 14. Shellstudie. In: Pädagogik. H. 10, S. 8-12. Siehe auch: Gensicke, Th. (2002): Individualität und Sicherheit in neuer Synthese? Wertorientierung und gesellschaftliche Aktivität. In: Deutsche Shell (Hrsg.): Jugend 2002, 14. Shell Jugendstudie, Frankfurt am Main, S. 164ff.
14 Siehe Fuchs, M.; Lamnek, S. & Luedtke, J. (2001): Tatort Schule: Gewalt an Schulen 1994-1999, Opladen, S. 35
15 Maturana, H. R. (1997): Biologische Grundlagen von Moral und Ethik in der Erziehung. In: Vierteljahreszeitschrift für Heilpädagogik und ihre Nebengebiete, H. 2, S. 209
16 Siehe z.B. Salisch, M. v. (2002): Emotionale Kompetenz entwickeln: Hintergründe, Modellvergleich und Bedeutung für Entwicklung und Erziehung. In: Salisch, M. v. (Hrsg.): Emotionale Kompetenz entwickeln. Stuttgart, S. 31-49; Seiffge-Krenke, I. (2002): Emotionale Kompetenz im Jugendalter: Ressourcen und Gefährdungen. In: Salisch, a.a.O., S. 51-72
17 Bierhoff, H. W. & Wagner, U. (1998): Aggression: Definition, Theorie und Themen. In: dies. (Hrsg.): Aggression und Gewalt. Phänomene, Ursachen und Interventionen, S. 17; Bornewasser, M. (1998): Soziale Konstruktion von Gewalt und Aggression. In: Bierhoff & Wagner, a.a.O., S. 59f.
18 Siehe Bierhoff, H. W. (1998): Ärger, Aggression und Gerechtigkeit: Moralische Empörung und antisoziales Verhalten. In Bierhoff & Wagner, a.a.O., S. 43
19 Siehe Büttner, Ch. (2001): Jugend und Gewalt. Über den Sinn von Grenzen und Strafen im Erziehungsprozess. In: deutsche jugend, H. 5, S. 203-211; Jordan, S. (2000): Adolescent Violence in Cities from a Public Health Perspective. Lage, S. 21ff.; Kühnel, W. (1995): Die Forschungssituation zu Gewaltphänomenen und Gewaltentstehung bei Jugendlichen. In: Informationszentrum Sozialwissenschaften Bonn (Hrsg.): Jugend und Gewalt. Sozialwissenschaftliche Diskussion und Handlungsansätze. Bonn, S. 14f.
20 Holtappels, H. G. & Meier, U. (1997b): Schülergewalt im sozialökologischen Kontext der Schule. In: Empirische Pädagogik, H. 2, S. 118ff.
21 Siehe zum Beispiel Anderson, G. J. & Walberg, H. J. (1968): Classroom climate and group learning. In: International Jorunal of Educational Sciences, H. 2, S. 175-180; auch: Arbinger, R. & v. Saldern, M. (1984): Schulische Umwelt und soziales Klima in Schulklassen. In: Psychologie in Erziehung und Unterricht, S. 81-99
22 Vgl. Tillmann, K.-J.; Holler-Nowitzki, B.; Holtappels, H. G.; Meier, U.; Popp, U. (1999): Schülergewalt als Schulproblem. Verursachende Bedingungen, Erscheinungsformen und pädagogische Handlungsperspektiven, Weinheim und München, S. 237f.
23 Vgl. z.B. Mischel, W. (1973): Toward a cognitive social learning reconceptualization of personality. In: Psychological Review, S. 252-283. Zwar haben Situationen immer auch ein „Setting", also generalisierte Erwartungen,

die sich zu sozialen Rollen verdichten. Aber diese umständebedingten „Settings" sind nicht so starr, dass man nicht auch Interpretationsspielräume hätte. Es gehörte geradezu zu dem Gründungselan der Soziologie, die Interpretierbarkeit von Erwartungen als Kern der menschlichen Freiheit trotz Anerkenntnis der Macht gegebener Umstände auszumachen (vgl. z.B. Max Weber, 1913/1968: Über einige Kategorien der verstehenden Soziologie. In: ders.: Gesammelte Aufsätze zur Wissenschaftslehre, 3. Auflage, Tübingen, S. 427ff.; Schütz, A., 1932/1962: Der sinnhafte Aufbau der sozialen Welt, 2. Auflage, Wien).

24 Käser, R. (1998): Die Schule als komplexes System. In: Familiendynamik, S. 40-59

25 Siehe Lüders, Ch. & Mack, W. (2001): Jugendliche als Akteure ihrer selbst? In: Merkens, H. & Zinnecker, J. (Hrsg.): Jahrbuch Jugendforschung, S. 121-134

26 Honneth, A. (1994): Kampf um Anerkennung. Zur moralischen Grammatik sozialer Konflikte, 2. Auflage. Frankfurt am Main, S. 181

27 Dazu Todorov, T. (1996): Abenteuer des Zusammenlebens. Versuch einer allgemeinen Anthropologie. Berlin

28 Siehe Honneth, a.a.O., S. 210

29 Siehe ebd., S. 172f. und auch Zirfas, J. (1999): Die Lehre der Ethik. Weinheim, S. 283ff.

30 Siehe Kant, I. (1964): Zum ewigen Frieden. Werke in sechs Bänden. Herausgegeben von W. Weischedel, Band VI. Darmstadt, S. 224

31 Vgl. Dewey, J. (1916): Democracy and Education. New York

32 Siehe dazu: McPhail, P. (1980): The morality of communication. Authority and method in situational morality. In: Journal of Education, 26, S. 146ff.

33 Honneth, A. (1994): Kampf um Anerkennung. Zur moralischen Grammatik sozialer Konflikte, 2. Auflage. Frankfurt am Main

34 Vgl. Joas, H. (2003): Werte und Erfahrung. In: Kilius, N.; Kluge, J. & Reisch, L. (Hrsg.): Die Bildung der Zukunft, Frankfurt am Main, S. 98ff.; zum Aufbau moralischer Urteilsfähigkeit sind „kognitive Herausforderungen und soziale Erfahrungen ... vonnöten" (Oser, F. & Althof, W., 2001: Moralische Selbstbestimmung. Modelle der Entwicklung und Erziehung im Wertebereich, 4. Auflage, Stuttgart, S. 332).

35 Vgl. Habermas, J. (1985): Untiefen der Rationalitätskritik. In: ders.: Die neue Unübersichtlichkeit. Frankfurt/M., S. 137; siehe schon Hullfish, H. & Smith, P. G. (1961): Reflective Thinking. The Method of Education. New York; Mead, H. (1993): Geist, Identität und Gesellschaft. 9. Aufl., Frankfurt am Main, S. 429. Bereits John Dewey hat mit Bezug auf das klassische Verständnis „guten Handelns" darauf hingewiesen, dass Moral in einem Zusammenspiel von Maß, Harmonie und Anmut zum Ausdruck kommt und davon gespeist wird. Reines Regellernen, das Befolgen eines Pflichtenkatalogs, hält er für anästhetisch: siehe Dewey, J. (1934/1980): Kunst als Erfahrung. Frankfurt am Main, S. 51f.

36 Siehe Bundesministerium für Familie, Senioren, Frauen und Jugend (Hrsg.) (2002): Elfter Kinder- und Jugendbericht. Berlin, S. 185

37 Siehe Gartz, M.; Hüchtermann, M. & Mrytz, B. (1999): Schulabgänger. Was sie können und was sie können müssten. Institut der Deutschen Wirtschaft. Köln 1999

38 Rutter, M.; Maugham, B.; Mortimer, P. & Ouston, J. (1980): Fünfzehntausend Stunden. Schulen und ihre Wirkungen auf die Kinder. Weinheim und Basel, S. 211. Zu den belastenden Einflüssen auf das Schulklima zählt dagegen der Missbrauch von Leistungserwartungen als Disziplinierungsmittel (vgl. dazu z.B. Fend, H., 1998: Qualität im Bildungswesen. Schulforschung zu Systembedingungen, Schulprofilen und Lehrerleistung. Weinheim und München, S. 81ff.).

39 Oser, F. (1997): Abschied von der Heldenmoral. In: Vierteljahreszeitschrift für Heilpädagogik und ihre Nebengebiete, H. 2, S. 237f.

40 Haselbeck, F. (2000): Wie Hauptschüler/innen Schule sehen. In: lernchancen, H. 14, S. 61

41 Ditton, H. (2000): Qualitätskontrolle und Qualitätssicherung in Schule und Unterricht. Ein Überblick zum Stand der empirischen Forschung. In: Helmke, A., Hornstein, W. & Terhart, E. (Hrsg.): Qualität und Qualitätssicherung im Bildungsbereich: Schule, Sozialpädagogik, Hochschule. 41. Beiheft der Zeitschrift für Pädagogik, Weinheim u. Basel, S. 81ff.; Fend, H. (2000): Qualität und Qualitätssicherung im Bildungswesen. Wohlfahrtsstaatliche Modelle und Marktmodelle. In: Helmke, Hornstein & Terhart, S. 56f.

42 Holtappels, H. G. & Meier, U. (1997b): Schülergewalt im sozialökologischen Kontext der Schule. In: Empirische Pädagogik, H. 2, S. 126

43 Vgl. z.B. Holtappels, H.G. & Tillmann, K.-J. (1999): „Hausgemachte" Gewaltrisiken – und was in der Schule dagegen getan werden kann. In: Pädagogik, H. 1, S. 12.; Melzer, W.; Schubarth, W. & Ehinger, F. (2004): Gewaltprävention und Schulentwicklung. Analysen und Handlungskonzepte, Bad Heilbrunn, S. 38ff.; Einzelfallbeschreibungen, die zeigen, wie schwierige Schüler durch schrittweise anerkennende Erfahrungen nach und nach integriert werden können, bieten Krall, H. (2000): Gewaltprävention und Schulentwicklung. In: Erziehung und Unterricht, H. 3/4, S. 357-376; Leonhardt, E. (1998): Was macht eine Lehrerin anders, wenn sie in ihrer Klasse „systemisch" zu arbeiten versucht? Ein Erfahrungsbericht. In: Familiendynamik, S. 81-92

44 Todorov, T. (1996): Abenteuer des Zusammenlebens. Versuch einer allgemeinen Anthropologie. Berlin

45 Oser, F. (1997): Abschied von der Heldenmoral. In: Vierteljahreszeitschrift für Heilpädagogik und ihre Nebengebiete, H. 2, S. 229

46 Baumert, J. (2003): Transparenz und Verantwortung. In: Kilius, N.; Kluge, J. & Reisch, L. (Hrsg.): Die Bildung der Zukunft. Frankfurt am Main, S. 215

47 Oser, F. (1997): Abschied von der Heldenmoral. In: Vierteljahreszeitschrift für Heilpädagogik und ihre Nebengebiete, H. 2, S. 225-246

Baustein 1:

„Hier ist alles so anders“ - sich an die neue Schule gewöhnen

B 1

BAUSTEINE

Thema:

Eine neue Klasse - Übergang von der Grundschule in die weiterführende Schule; neu in eine Klasse kommen

Intention:

Hilfen zum Kennenlernen; vertraut werden mit der neuen Schule

Fachbezug:

Lehrerinnen und Lehrer aller Fächer vor allem in der 5. Jahrgangsstufe

Materialien/Medien:

M 1.1 - Karteikarte: Einen guten Platz finden

M 1.2 - Karteikarte: Die Klasse stellt sich dem/der Neuen vor

M 1.3 - Kopiervorlage: Wer bin ich? Eine Hilfe zum Kennenlernen

M 1.4 - Kopiervorlage: Elterninformation

M 1.5 - Kopiervorlage: Eltern-Feedback

Bezug zu anderen Bausteinen:

Baustein 2

Zeitrahmen:

nach Bedarf

Problemfeld:

Sven, 12 Jahre, wird beim schulpsychologischen Dienst seiner Schule angemeldet, weil er sich nach einer Woche weigert, die neue Schule zu besuchen. Vor Kurzem war er mit seiner Familie von einem Bundesland in ein anderes gezogen. Ursprünglich hatte er die 6. Klasse eines Gymnasiums besucht. Nach einigen Wochen in der neuen Stadt hatte man den Eltern geraten, ihren Sohn aufgrund seines Leistungsstandes an eine Realschule umzuschulen.

Dort hatte die Klassenlehrerin ihn gebeten, sich der Klasse vorzustellen und von seinen Hobbys zu berichten. Sven erzählte ausführlich von seinem Hasen Pim, der beim Umzug mitgekommen sei. Der Hase war für Sven ein „Stück Zuhause", eine Art Übergangsobjekt, das ihm Sicherheit vermittelte. Er nahm in dieser Übergangszeit einen wichtigen Platz im Leben des Jungen ein.

B 1

BAUSTEINE

Wenig später attackierten andere Schüler seiner neuen Klasse Sven mit Schmähworten wie „Hasen-Pimmel" oder „Pimmel-Hase". Sven, der in seiner alten Schule nach Aussagen seiner Eltern gut integriert war, erklärte seinen verdutzten Eltern, dass er die neue Schule nicht mehr besuchen wolle.

Dieser reale Fall aus der schulpsychologischen Praxis unterstreicht, wie unvorhersehbare Entwicklungen gut gemeinte und geplante Maßnahmen unterlaufen können, gerade auch in schulischen Übergangssituationen. Die Klassen werden neu zusammengesetzt, die weiterführenden Schulen sind oft viel größer und auch anonymer als die Grundschule. Die Kinder müssen sich auf das Fachlehrerprinzip und damit auf unterschiedliche Personen und Unterrichtsstile einstellen. Mit der Veränderung der Vergleichsgruppe verändert sich auch die Leistungsbewertung. Die neuen Rückmeldungen aus der sozialen Umwelt sowie Leistungserwartungen von Eltern und Lehrern wirken auf das Selbstbild der Kinder. Die mit Übergängen verbundenen „kritischen Ereignisse"[1] werden von den Schülerinnen und Schülern unterschiedlich wahrgenommen und verarbeitet – als aufregende Herausforderung, als Chance und Ansporn, aber auch als bedeutsames Problem, als Belastung oder als Krise.[2]

Ziele:

- Unsicherheit in Übergangssituationen verringern
- Miteinander vertrauter werden
- Hilfen beim Kennenlernen geben
- Eltern einbeziehen

Einen guten Platz finden – beginnt mit der Sitzordnung **Material 1.1, S. 30**

Kommt eine Klasse zum ersten Mal zusammen, dann beschäftigt die Kinder vor allem die Frage „Neben wem sitze ich?". So achten die Kinder zum Beispiel beim Wechsel von der Grundschule an eine weiterführende Schule noch sehr darauf, dass die Jungen untereinander bleiben genauso wie die Mädchen. Manche sind enttäuscht, wenn sie nicht neben ihrem Wunschnachbarn sitzen können, andere, weil sie einen für sie unangenehmen Platz zugewiesen bekommen haben. In dieser für die Schüler wichtigen Situation können Humor und Einfühlungsvermögen dabei helfen, die Schüler zu beteiligen, ohne die Klasse zu überfordern und eine vorläufige Ordnung zu finden, die als noch veränderbar erfahren wird. Material 1.1 (S. 30) gibt Anregungen, wie man bei der Sitzplatzsuche die Fixierung auf eine einzige Möglichkeit aufweichen kann und nebenbei dafür sorgt, dass die Kinder schon mal ein wenig voneinander erfahren.

Eine(r) fängt neu an – und muss sich zurechtfinden **Material 1.2, S. 30**

Wenn einzelne Schülerinnen und Schüler neu in die Klasse kommen, sei es durch Umzug oder durch leistungsbedingten Schulwechsel, geraten sie in eine psychisch und sozial anspruchsvolle Situation. Sie müssen sich in ein Beziehungsgeflecht einfinden, das zunächst schwer durchschaubar wirkt. In der Regel wird „der Neue" aufgefordert, sich kurz vorzustellen. Leichter für neue Schülerinnen und Schüler wird es, wenn sich auch die anderen ihm bzw. ihr vorstellen (Material 1.2, S. 30).

B 1

BAUSTEINE

Alle fangen neu an – und lernen sich kennen

Material 1.3, S. 31

Immer dann, wenn Menschen regelmäßig und über längere Zeit zusammenkommen, lernen sie sich nach und nach kennen. Das ist auch in der Schule nicht anders. Wenn die Schülerinnen und Schüler nach der Grundschulzeit neue Klassen in neuen Schulen bilden, beginnen die sozialen Prozesse, die auch sonst die Orientierung in größeren Gruppen begleiten. Ein Teil wartet gelassen ab, andere übernehmen Führungsrollen, manche reagieren zurückhaltend und fast alle sind ein wenig aufgeregt.

Um das soziale Geschehen im Anfangsstadium der neuen Klasse als Grundlage für Lernen und Zusammenarbeit zu gestalten, ist es hilfreich, einige grundlegende Regeln gemeinsam zu erarbeiten und den Schülerinnen und Schülern Möglichkeiten anzubieten, sich achtsam und aufmerksam kennenzulernen (siehe Material 1.3, S. 31).

Ein Signal am Anfang – Eltern einbeziehen

Material 1.4, 1.5, S. 32–33

Schule wird ihren Bildungs- und Erziehungsaufgaben besser gerecht, wenn sie sich auf die Kooperation mit Eltern stützen kann. Schon beim ersten Elternabend in der neuen Klasse können Sie das Signal setzen, dass die Perspektive von Eltern Ihnen wichtig ist. Bereits das Einladungsschreiben zum ersten Elternabend sollte das Anliegen gegenseitiger Unterstützung und Zusammenarbeit vermitteln und den Eltern deutlich machen, dass sie in pädagogische Überlegungen angemessen einbezogen werden. Sie können das Material (1.4, S. 32) als Vorlage für eigene Elterninformationen nutzen oder Ihre konkreten Vorschläge direkt auf die Kopiervorlage schreiben.

- In den oberen Teil des Materials 1.4 können Sie zum Beispiel Regeln einfügen, die Sie mit der Klasse erarbeitet haben.
- Im unteren Teil haben Sie die Möglichkeit, Ihre pädagogischen Schwerpunkte in Stichworten zu beschreiben. Wenn Sie wollen, ist hier auch Platz für Ihre Telefonnummer, Anschrift oder E-Mail-Adresse.

Übrigens: Wenn die Schülerinnen und Schüler früh den Eindruck bekommen, Schule und Eltern wirken zusammen, dann erleichtert dies auch für Sie die Arbeit in der Klasse.

Nach einigen Schulwochen können Sie erste Rückmeldungen von den Eltern einholen (Material 1.5, S. 33). Berichten Sie unter Einhaltung des Versprechens, Vertraulichkeit zu wahren, über die für alle interessanten Ergebnisse auf dem nächsten Elternabend oder in einem Elternbrief. Das kann im Einzelfall schwierig werden, doch grundsätzlich stärkt es Ihre Position. Die Fülle von verschiedenen Rückmeldungen macht es möglich, einzelnen Eltern deutlich zu machen, dass immer wieder Kompromisse zwischen unterschiedlichen Sichtweisen und Erwartungen geschlossen werden müssen. Dafür sind Sie die Fachfrau bzw. der Fachmann!

Anmerkungen

1 Filipp, S.-H. (1995): Ein allgemeines Modell für die Analyse kritischer Lebensereignisse. In: Dies. (Hrsg.): Kritische Lebensereignisse. München, S. 3-52

2 Büchner, P. & Koch, K. (2001): Von der Grundschule in die Sekundarstufe. Band 1: Der Übergang aus Kinder- und Elternsicht. Opladen

Cortina, K. S. & Trommer, L. (2005): Bildungswege und Bildungsbiographien in der Sekundarstufe I. In: Cortina, K. S.; Baumert, J.; Leschinsky, A.; Mayer, K. U. & Trommer, L. (Hrsg.) (2005): Das Bildungswesen in der Bundesrepublik Deutschland. Strukturen und Entwicklungen im Überblick, 2. Auflage. Hamburg, S. 342-391

Karteikarte (M 1.1)

Einen guten Platz finden

Erinnern Sie sich, wie unangenehm es manchmal ist, sich am falschen Platz zu fühlen. Ihren Schülerinnen und Schülern geht es nicht anders. Auch wenn sie schon vor Unterrichtsbeginn einen Platz eingenommen haben, sind sie nicht immer damit zufrieden. Manchmal sind einige sogar unglücklich. Darum hier einige Vorschläge für den ersten Schultag.

Sitzplatzfindung einmal anders: zweimal 5-Minuten-Probesitzen

- ☐ Schülerinnen und Schüler suchen sich einen Nachbarn, den sie noch nicht so gut kennen. Sie haben fünf Minuten Zeit, miteinander zu sprechen, zum Beispiel:
  - Von welcher Schule kommst du?
  - Wie lang ist dein Schulweg?
  - Womit beschäftigst du dich gerne?
- ☐ Danach suchen sie sich noch einmal einen „fremden" Nachbarn, mit dem sie sich auch wieder fünf Minuten unterhalten.
- ☐ Nun setzen sich die Schülerinnen und Schüler so, wie sie es sich wünschen.
- ☐ Machen Sie für alle deutlich: Nach ein bis zwei Wochen wird noch mal zusammen überlegt, ob man bessere Lösungen finden kann.

Karteikarte (M 1.2)

Die Klasse stellt sich dem/der Neuen vor

Wer neu in die Klasse kommt, wird zumeist kurz vorgestellt. Manchmal soll sich der oder die Neue auch selbst vorstellen. Dieser Anfang in der fremden Klasse kann für einzelne Kinder belastend sein.

- ☐ Fragen Sie vorher den neuen Mitschüler, ob er sich vorstellen möchte oder ob Sie als Lehrkraft kurz etwas über ihn/über sie sagen sollen.
- ☐ Sich kennenlernen ist keine einseitige Aufgabe. Auch die Klasse sollte sich ihren neuen Mitschülern vorstellen. Sie finden sicherlich einige Schülerinnen und Schüler, die dem/der Neuen vor der Klasse zum Beispiel darüber berichten:
  - Wer ist der/die Klassensprecher/in?
  - Wie viele verschiedene Lehrerinnen und Lehrer unterrichten in der Klasse?
  - Gibt es einen Schulkiosk? Was kann man empfehlen?
  - Gab es schon eine Klassenfahrt? Ist eine geplant?
  - Wodurch unterscheiden wir uns von anderen Klassen?
  - Was machen wir alles in den Pausen?
- ☐ Wer hilft dem neuen Mitschüler, der neuen Mitschülerin in den nächsten Tagen, sich in der Schule zurechtzufinden? Wer sorgt dafür, dass niemand in der Pause alleine bleibt?
- ☐ Falls möglich, sollten Sie dafür sorgen, dass die Neuen nicht alleine sitzen müssen. Manchmal reicht es schon aus, einen Tisch zu verschieben.

M 1.3

Kopiervorlage (M 1.3)

Wer bin ich? Eine Hilfe zum Kennenlernen

Dieser Fragebogen kann dabei helfen, euch untereinander ein wenig kennenzulernen.

Mein Name und mein Alter: ____

Ich habe noch Geschwister (wie viele?): ____

Das kann ich gut (Hobbys, Interessen): ____

____

Das würde ich auch gerne können: ____

____

Meine Lieblingsmusik-Gruppe heißt: ____

____

Das sind meine Wünsche an die Klasse: ____

____

So wünsche ich mir meine Lehrerin, meinen Lehrer: ____

____

Was mir noch wichtig ist: ____

____

Nach dem Ausfüllen:

- ☐ Tausche die Fragebogen mit zwei anderen Jungen oder Mädchen aus, die du noch nicht so gut kennst. Findet ihr Gemeinsamkeiten?
- ☐ Finde drei weitere Jungen oder Mädchen in der Klasse, mit denen du mindestens einen Wunsch gemeinsam hast!
- ☐ Die Gruppen, die sich gefunden haben, stellen der Klasse ihren gemeinsamen Wunsch vor.

M 1.4

MATERIALBOGEN

Kopiervorlage für Elterninformation (M 1.4)

(Schulanschrift)

Sehr geehrte Eltern der Klasse ______________________!

Für Ihre Kinder hat ein neues Schuljahr in einer neuen Schule begonnen. Wenn wir gut zusammenarbeiten, dann gelingt es uns besser dafür zu sorgen, dass Ihr Kind seine Fähigkeiten entwickeln kann und sich in der Klasse und an der Schule wohlfühlt.

Wir haben in der Klasse folgende Grundregeln erarbeitet und vereinbart:

____

____

____

____

____

____

____

Mir persönlich ist als Lehrer/Lehrerin in der Klasse Ihrer Kinder Folgendes wichtig:

____

____

____

____

____

____

____

In der Hoffnung auf eine gute Zusammenarbeit und

mit freundlichen Grüßen

Kopiervorlage für Eltern-Feedback (M 1.5)

M 1.5

MATERIALBOGEN

(Schulanschrift)

Sehr geehrte Eltern der Klasse ______________________!

Die Arbeit mit Ihren Kindern macht mir Freude. Ich hatte inzwischen Gelegenheit, Ihre Kinder etwas näher kennenzulernen. Sie kennen jedoch Ihr Kind am besten und wissen, was es besonders bewegt. Für mich könnten sich daraus Hinweise ergeben, die für eine Weiterentwicklung des Klassenklimas nützlich sind. Sicherlich kann man nicht immer jedem einzelnen Anliegen gerecht werden. Aber in vielen Fällen hilft es, zusätzliche Informationen und Sichtweisen zu beachten. Darum bitte ich Sie, mit Ihrem Kind zusammen die folgenden Fragen zu beantworten. Ich versichere Ihnen, dass alle Angaben von mir streng vertraulich behandelt werden. Selbstverständlich ist es Ihnen freigestellt, diese Fragen zu beantworten.

Was gefällt Ihrem Kind an der Klasse?

____

____

____

____

Was gefällt Ihrem Kind an der Klasse nicht so gut?

____

____

____

____

Welche Vorschläge, Wünsche, Anregungen haben Sie?

____

____

____

____

Danke für Ihre Mitarbeit!

Gegebenenfalls Rückseite mit nutzen.

B 2

BAUSTEINE

Baustein 2:

„Wer bin ich wirklich?" Einige Orientierungshilfen

Thema:

Jugendliche zwischen Unsicherheit und Veränderungswillen

Intention:

Mit Hintergrundinformationen über differenzierende Entwicklungsverläufe in der Jugendphase sowie mit Übungen zur Selbstreflexion das Selbst- und Fremdverstehen fördern

Materialien/Medien:

M 2.1 - Kopiervorlage: Alle wollen was von mir

M 2.2 - Kopiervorlage: Stärken-Schwächen-Tandem

M 2.3 - Kopiervorlage: Stärken und Schwächen

M 2.4 - Kopiervorlage: „Zeitkuchen"

M 2.5 - Lehrerinformation: Magersucht (Anorexia nervosa)

M 2.6 - Lehrerinformation: Ess-Brechsucht (Bulimia nervosa)

M 2.7 - Lehrerinformation: Delinquenz im Jugendalter

Bezug zu anderen Bausteinen:

Baustein 3

Zeitrahmen:

nach Bedarf

Problemfeld:

Die Vertrauenslehrerin hat Anna aus der 7b aufmerksam zugehört. Anna ist verwirrt, weil sie sich selbst manchmal nicht versteht. „Wer bin ich wirklich?", diese Frage scheint Anna stark zu beschäftigen. Sie findet sich zu pummelig, wenn sie in den Spiegel sieht. Ihre Haarfarbe sei „langweilig" und ihre Brüste „zu klein". Von ihrer Freundin fühlt sie sich verraten, weil diese ihre Neigung zu einem Klassenkameraden ausgeplaudert hat. Dauernd fragt sie sich: „Wie kann ich wissen, ob er mich gut findet?" Kann ich ihm eine SMS schicken? Hinzu kommt Annas ständige Sorge, von der Clique ausgeschlossen zu werden. Denn immer noch beharren ihre Eltern darauf, dass sie abends früh zu Hause ist.

B 2

BAUSTEINE

Annas Verunsicherungen spiegeln einen Teil der Entwicklungsaufgaben wider, die Jugendliche heute bewältigen müssen[1]:

- Entwicklung von Identität
- Kritische Auseinandersetzung mit den eigenen Kompetenzen
- Akzeptanz des eigenen Körpers und des eigenen Aussehens
- Aufbau eines Freundeskreises zu Altersgenossen (Peers) beiderlei Geschlechts
- Übernahme und Gestaltung der männlichen bzw. weiblichen Geschlechtsrolle
- Aufnahme engerer Beziehungen zu einem Freund bzw. einer Freundin
- Emotionale Ablösung vom Elternhaus
- Vorbereitung auf Ausbildung und Beruf
- Auseinandersetzung mit der Perspektive Partnerschaft und Familie
- Entwicklung eigener Weltanschauungen
- Planung und Verwirklichung persönlicher Lebensziele

Um diese Aufgaben zu bewältigen, müssen Jugendliche neue Verhaltensweisen und Deutungsmuster erproben sowie neue Möglichkeiten und Grenzen ausloten. Eine besondere Rolle nimmt dabei die Gleichaltrigengruppe ein. Mit ihr leben Jugendliche unterschiedliche Freizeit- und Konsumvorlieben aus, pflegen eigene Modestile, hören „ihre" Musik, gehen Trendsportarten nach und treffen sich in Discos, Cafés, Einkaufszentren. Peergroups ermöglichen die Entwicklung eigener Stile und geben einen zeitweise geschützten Raum für das Ausleben von Eigenheit und wachsender Selbstständigkeit.

Auch wenn viele Entwicklungsaufgaben von den Jugendlichen oftmals gar nicht als belastend erlebt werden, kann es im Spannungsfeld zwischen individuellen Bedürfnissen und gesellschaftlichen Anforderungen mitunter doch auch zu massiven Störungen des Entwicklungsverlaufs kommen. Beispiele dafür sind Essstörungen, Depressionen, Delinquenz, Aggression oder Drogenabhängigkeit. Es würde zu weit führen, hier im Einzelnen auf diese auch therapiebedürftigen Störungen einzugehen. Eine erste Information bieten die Materialien M 2.5 bis M 2.7 (S. 42-44).

Auch in den Schulklassen findet sich die Vielfalt jugendlicher Entwicklungswege wieder. Die Schülerinnen und Schüler wirken mitunter noch wie Kinder, um sich kurz darauf wie weit entwickelte Jugendliche zu verhalten. Unterschiedliche Norm- und Wertevorstellungen, vielfältige jugendkulturelle Stile, verschiedene Umgangsweisen mit der eigenen Körperlichkeit und dem eigenen Aussehen und vieles andere führen zu Abgrenzungen, Irritationen, Missverständnissen und Spannungen zwischen Jugendlichen untereinander und zwischen Jugendlichen und Erwachsenen.

Ziele:

- Irritationen im Umgang mit Jugendlichen durch Informationen über die vielfältigen und verunsichernden Entwicklungsaufgaben im Jugendalter verringern
- Schülerinnen und Schüler dabei unterstützen, die eigenen Gefühle, Bedürfnisse, Interessen, Auffassungen und Handlungen wahrzunehmen, zu reflektieren und angemessen zum Ausdruck zu bringen
- Schülerinnen und Schüler dabei unterstützen, Gefühle, Bedürfnisse, Interessen, Auffassungen und Handlungen anderer wahrzunehmen, zu reflektieren und zu respektieren

Alle wollen was von mir Material 2.1, S. 38

Eine besondere Herausforderung der Jugendphase ist es, mit den von verschiedenen Seiten ausdrücklich oder unterschwellig gestellten Erwartungen und Normen umzugehen. Das Gespräch über das bearbeitete Material 2.1 kann für den einzelnen Jugendlichen entlastend wirken:

- Man erfährt, dass auch andere mit einer großen Vielfalt von Ansprüchen zurechtkommen müssen.
- Der Überblick über die Vielfalt unterschiedlicher Anforderungen macht verständlich, dass man sich mitunter bedrängt fühlt.
- Die Jugendlichen nehmen wahr, dass sich Erwachsene bemühen, ihre Situation zu verstehen.

Die einzelnen Äußerungen können in kleinen Gruppen besprochen, in Stichworten an der Tafel oder auf einzelnen Moderatorenkarten festgehalten werden.
Das Material 2.1 lässt sich auch als Grundlage für ein Rollenspiel nutzen.

So sehe ich mich selbst ... und so mich andere Material 2.2, 2.3, S. 39-40

Zur Bewältigung der Entwicklungsaufgaben gehört es auch, sich mit den eigenen Stärken und Schwächen auseinanderzusetzen. Dies ist für den Einzelnen zunächst nicht einfach. Die Schule kann Raum für die Erfahrung schaffen, dass es sich lohnt, über sich selbst nachzudenken und dass es eigentlich auch gar nicht so schwer ist, sich mit eigenen Schwächen auseinanderzusetzen.

Die Materialien 2.2 und 2.3 (S. 39-40) regen zur Bildung von Stärken-Schwächen-Tandems an. Die Schülerinnen und Schüler können sich zunächst mit einer von ihnen ausgewählten Person ihres Vertrauens über die Sichtweisen eigener Stärken und Schwächen austauschen. Sie entscheiden zu zweit darüber, ob und was den anderen in der Klasse darüber berichtet wird. Außerdem werden sie angeregt darüber nachzudenken, ob sie sich eine Zeit lang gegenseitig unterstützen wollen und können.

Wo bin ich verplant ... wo habe ich Spielräume? Material 2.4, S. 41

Im Jugendalter nimmt die Möglichkeit und Notwendigkeit zu, eigene Entscheidungen zur Lebensgestaltung anzubahnen und zu treffen. Dieser Zugewinn an Entscheidungsspielraum geht jedoch mit der Verpflichtung einher, zwischen eigenen Bedürfnissen und Erwartungen der Umwelt eine Balance zu finden. In der Art und Weise, wie die Jugendlichen ihre Schwerpunkte zwischen Schule, Freundeskreis, Familie, Sport, anderen Hobbys und gegebenenfalls bezahlten Nebenjobs setzen, kommen persönliche Neigungen, Wünsche, Gewohnheiten, Einstellungen und Haltungen zum Ausdruck. Darum gibt die Beschäftigung mit der alltäglichen Zeitaufteilung Anstoß darüber nachzudenken, was man eigentlich selbst möchte, welche Spielräume man hat, wie man mit Verpflichtungen umgeht – und was man möglicherweise an Haltungen und Gewohnheiten ändern muss, um seine Ziele zu erreichen.

Einen Einstieg dafür bietet der Zeitkuchen (Material 2.4):

- Die Schülerinnen und Schüler stellen ihren persönlichen Zeitkuchen dar.
- Herausstellen von Ähnlichkeiten und Unterschieden.
- Sind die Schülerinnen und Schüler mit ihrer Zeiteinteilung zufrieden?
- Was kann man überhaupt ändern?
- Welche Änderungen sind wünschenswert, sinnvoll, machbar?

Grenzen für die Schule einschätzen Material 2.5-2.7, S. 42-44

Wenn die oben erwähnten besonders krisenhaften Ausprägungen von Entwicklungsverläufen, wie zum Beispiel Essstörungen oder Delinquenz, auftreten, stoßen die pädagogischen Möglichkeiten der Schule an ihre Grenzen. Hier sollten Sie bei begründetem Verdacht Expertenrat in Anspruch nehmen (Schulpsychologe, andere Beratungsdienste). Das Material 2.5 bis 2.7 (S. 42-44) gibt Ihnen als Lehrkraft erste Informationen zu ausgewählten Krisenerscheinungen. Keinesfalls sollte es in dieser Form an die Schülerinnen und Schüler weitergegeben werden, da sich einzelne Jugendliche stigmatisiert fühlen könnten. Vertiefende und weitere Informationen finden Sie unter anderem in den dafür spezialisierten Materialien der Bundeszentrale für gesundheitliche Aufklärung.[2] Einen Überblick über die Materialien der Bundeszentrale bekommen Sie unter www.bzga.de. Außerdem können Sie sich mit speziellen Fragen an den telefonischen Beratungsdienst der Bundeszentrale wenden: 0221/892031.

Anmerkungen

1 Oerter, R. & Dreher, E. (2002): Jugendalter. In: Oerter, R. & Montada, L. (Hrsg.): Entwicklungspsychologie, 5. Auflage, S. 258-273

2 Siehe zum Beispiel: Steack, L.; Teutloff, G.; Schmid, L. (2004): Grundsätze einer zeitgemäßen Sucht- und Drogenprävention. In: Bundeszentrale für gesundheitliche Aufklärung (Hrsg.): Alkohol. Materialien für die Suchtprävention in den Klassen 5-10. Bonn

M 2.1

MATERIALBOGEN

Kopiervorlage (M 2.1)

Alle wollen was von mir

Michaela, 8. Klasse, ist mit ihrem Freund verabredet. „Um zehn bist du bitte wieder zu Hause", fordert die Mutter. „Dann brauche ich gar nicht erst wegzugehen. Die anderen dürfen bis zwölf." „Die anderen interessieren mich nicht. Außerdem, wo geht ihr überhaupt hin?" „Zu Freunden!" „Zu wem genau?" „Kennst du doch sowieso nicht!" ...

Wie könnte das weitergehen?

Kennst du das auch? Von dir wird etwas erwartet, was du so nicht einsiehst. Dabei geht es nicht nur um das Weggehen. Schreibe jeweils drei Beispiele auf.

Was die Eltern alles wollen ...

____

____

____

____

Was die Schule alles will ...

____

____

____

____

Was die Clique von mir will ...

____

____

____

____

... und was will ich selbst?

____

____

____

____

Kopiervorlage (M 2.2)

Stärken-Schwächen-Tandem

M 2.2

MATERIALBOGEN

Wir haben alle unsere Stärken und Schwächen. Manchmal fällt es uns schwer, sie zu erkennen oder auch, sie zuzugeben. Außerdem ist es gar nicht immer so klar, was eine Stärke und was eine Schwäche ist. Was man selbst für eine Schwäche hält, sieht jemand anders vielleicht als Stärke an. Darum hilft es, miteinander darüber reden.

1. Suche dir einen Partner/eine Partnerin, mit dem/der du über deine Stärken und Schwächen sprechen möchtest.

2. Klebe auf einen Bogen Papier ein Foto von dir.

3. Wenn du die Kopiervorlage „Stärken und Schwächen" durchliest, dann fällt dir bestimmt einiges zu dir und auch zu deinem Partner ein.

4. Schreibe deine Stärken und Schwächen zunächst jeweils auf Klebezettel („Was sehe ich als meine Stärken/Schwächen an?").

   Dein/e Partner/in schreibt dann über dich („Was sehe ich als deine Stärken/Schwächen an?")

   Sprecht jetzt noch nicht darüber.

   Nun umgekehrt!
   Du schreibst die Stärken und Schwächen deines Partners/deiner Partnerin auf.

5. Vergleicht eure eigenen Sichtweisen mit der Sichtweise eurer Partnerin/eures Partners.
   Stimmen eure Sichtweisen überein?
   Was überrascht euch?
   Worüber könntet ihr euch einigen?
   Worüber nicht?

6. Welche Tandems möchten ihre Ergebnisse in der Klasse vorstellen?

Vielleicht wollt ihr euch gegenseitig weiter unterstützen:

- ☐ Bei welcher Schwäche könnte dein Partner dich unterstützen, sie abzubauen?
- ☐ Wie könnte dies aussehen?
- ☐ Am besten ist, wenn eure Partnerschaft beiden nutzt, deshalb überlegt euch, wie ihr euch gegenseitig unterstützen könnt.

M 2.3

MATERIALBOGEN

Kopiervorlage (M 2.3)

Stärken und Schwächen

- Sich konzentrieren können.
- Ausdauernd sein.
- Fleißig sein.
- Genau sein.
- Konsequent sein.
- Einen starken Willen haben.
- Sich selbst etwas zutrauen.
- Freundlich sein.

- Immer anderen die Schuld geben, wenn etwas schiefgeht.
- Misstrauisch sein.
- Schnell aufgeben.
- Verschwiegen sein.
- Geheimnisse ausplaudern.
- Keine Ausdauer haben.

Kopiervorlage (M 2.4)

„Zeitkuchen“

M 2.4

Überlege zusammen mit deinem Banknachbarn, wie sich eure Zeit in der Woche aufteilt. Berücksichtigt dabei Schule, Hausaufgaben, Familie, Sport, andere Hobbys, Freundschaften, Partnerschaft, Nebenjobs, Schlaf, andere Tätigkeiten.

Schätzt jeweils die Stunden ein, die ihr an Schultagen und am Wochenende durchschnittlich für die einzelnen Bereiche aufwenden müsst und teilt den Zeitkuchen entsprechend auf.

Jeder erstellt seinen eigenen Zeitkuchen.

An Schultagen pro Tag im Durchschnitt

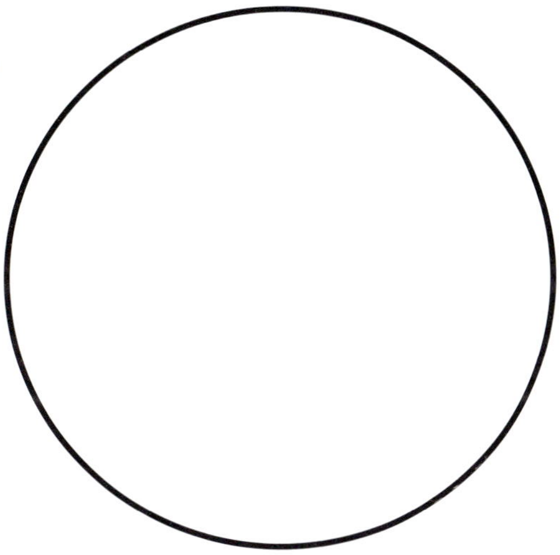

Am Wochenende pro Tag im Durchschnitt

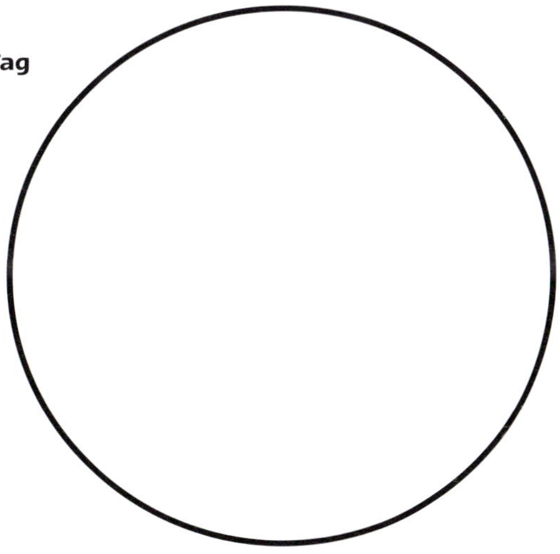

M 2.5

MATERIALBOGEN

Information für Lehrkräfte (M 2.5)

Magersucht (Anorexia nervosa)

Anorexia nervosa ist durch einen absichtlich selbst herbeigeführten und/oder aufrechterhaltenen Gewichtsverlust charakterisiert. Aktuell wird das Thema mit Beginn der Pubertät, um das Alter von 11 Jahren. Vor Pubertätsbeginn tritt die Störung äußerst selten auf.
Rund 2,5 bis 5 Prozent der Bevölkerung leiden an Anorexia – Tendenz steigend. Mädchen sind häufiger betroffen, aber auch bei Jungen zeigt die Tendenz nach oben.

Symptome

Körperschemastörung
Bei anorektischen Jugendlichen kommt es zu einer Störung der Wahrnehmung des eigenen Körpers. Auch wenn sie im Laufe der Erkrankung schon extrem viel Gewicht verloren haben, überschätzen sie ihren Körperumfang, erleben sich als viel zu dick.

Verändertes Essverhalten
Anorektische Jugendliche nehmen nur eine geringe Menge an Nahrung auf; sie verweigern Lebensmittel mit viel Kalorien, teilweise kommt es auch zur kompletten Nahrungsverweigerung. Häufig nimmt das Essen einen zentralen Stellenwert im Leben der Betroffenen ein. Sie verwenden viel Energie darauf, Hungergefühle zu unterdrücken, bereiten oft für andere wahre Festmahle zu, an denen sie aber selbst nicht teilnehmen.

Gewichtsverlust
Oft werden übermäßige sportliche Aktivitäten, Appetitzügler und Abführmittel eingesetzt, um abzunehmen. Die betroffenen Jugendlichen wollen den „perfekten" Körper haben. Sie halten das Körpergewicht absichtlich unter dem Minimum, das ihrem Alter bzw. ihrer Größe entsprechen würde. Die Jugendlichen nehmen ab bzw. nehmen auch in der Wachstumsperiode nicht zu. Ihr Gewicht ist daher um mehr als 15 Prozent geringer als das zu erwartende Gewicht.

Körperliche Veränderungen
Durch die Mangelernährung kann es zu schwerwiegenden körperlichen Schäden kommen, die bei 10 Prozent der Betroffenen zum Tode führen.

Psychische Veränderungen
Es besteht eine extreme Angst vor einer Gewichtszunahme. Eine geringe Gewichtszunahme löst regelrecht Panik aus, die zu einer noch strengeren Kontrolle des Essverhaltens führt – ein Teufelskreis. Zu beobachten sind depressive Verstimmungen, starke Reizbarkeit, Ermüdungserscheinungen und der Verlust von Interessen.

Ursachen

- ☐ Entwicklungsaufgaben der Pubertät (Auseinandersetzung mit Körperveränderungen, Angst vor dem Erwachsenwerden und Frau-Sein)
- ☐ soziokulturelle Einflüsse (übertriebenes Schönheitsideal)
- ☐ genetische Faktoren
- ☐ Persönlichkeitsfaktoren (Perfektionismus, ausgeprägte Leistungsorientierung, mangelnde Abgrenzung ...)
- ☐ soziales Umfeld (äußerlich intakte, harmonische Familie ohne eine bewährte Streit- und Konfliktkultur. Starker Zusammenhalt der Familie oder von Teilen der Familie, mit wenig Raum für Individualität einzelner Mitglieder, starke Betonung von Leistung als Grund von Wertschätzung)

Anorexia ist eine Krankheit mit dramatischem Verlauf. Sie beginnt schleichend, mit deutlichen Symptomen. Von den Betroffenen werden diese geleugnet, es besteht keine Krankheitseinsicht. Heilungschancen sind für etwa ein Drittel aller Magersüchtigen anzunehmen. Zwischen 10 und 20 Prozent der Betroffenen sterben. Todesursache sind zumeist Herzversagen oder Suizid.

Information für Lehrkräfte (M 2.6)

Ess-Brechsucht (Bulimia nervosa)

M 2.6

Die Bulimie ist durch wiederholte Episoden von Ess-Anfällen mit Kontrollverlust gekennzeichnet:
Danach wird mit extremen Mitteln versucht, eine Gewichtszunahme zu verhindern: selbst herbeigeführtes Erbrechen, Einnahme von Abführmitteln, strenge Diät, Fastenkuren, übertriebene körperliche Betätigung.
Im Gegensatz zur Magersucht wird die Bedrohung durch die Krankheit wahrgenommen und der Zustand als unangenehm erlebt. Schätzungen zufolge leiden etwa 3 Prozent der jungen Frauen in Deutschland an Bulimie. Männer sind seltener betroffen. Das durchschnittliche Alter der Erkrankten liegt bei Bulimie höher als bei Anorexia (zwischen 20. und 30. Lebensjahr)

Symptome

Ess-Anfälle
Bei der Bulimie kommt es zu wiederholten Episoden von Ess-Anfällen, bei denen innerhalb einer bestimmten Zeitspanne eine deutlich größere Nahrungsmenge gegessen wird als die meisten Menschen in dieser Zeit essen würden (bis zu 10.000 Kalorien pro Anfall).

Gewichtsreduzierung
Selbst induziertes Erbrechen, Missbrauch von Abführmitteln, Diuretika und andere Medikamente werden zur Gewichtskontrolle eingesetzt.

Körperliche Veränderungen
Die Ess-Brechanfälle verändern oft wenig das äußere Aussehen des Körpers, sie verändern aber wichtige innere Funktionen des Körpers (Zahnschädigungen, Wassereinlagerungen im Gewebe, Elektrolytstörungen, Herzrhythmusstörungen, Nierenfunktionsstörungen und Veränderungen der Gefühle, der Wahrnehmung sowie der Konzentrationsfähigkeit sind die Folgen).

Körperschema
Andauernde übertriebene Beschäftigung mit Figur und Körpergewicht.

Kontrollverlust
Gefühl, das Essverhalten während der Anfälle nicht mehr unter Kontrolle zu haben.

Ursachen

Bulimie entwickelt sich in der Regel bei Zusammenwirken verschiedener Faktoren:

- ☐ auslösende Faktoren (Diäten, Verlust von Bezugspersonen, schwierige familiäre Bedingungen, Alkoholprobleme in der Familie),
- ☐ Persönlichkeitsfaktoren (Impulsivität, Überforderung im Alltag, Freiheitsdrang ...),
- ☐ soziales Umfeld (Suchtprobleme in der Familie, schwierige Familienverhältnisse).

Bei Bulimie ist die Rückfallquote nach einer Therapie sehr hoch. Sie liegt bei 50 Prozent.
Da das Körpergewicht oft normal bleibt, wird die Krankheit häufig lange nicht erkannt.
Sie bleibt dann unbehandelt.

M 2.7

MATERIALBOGEN

Information für Lehrkräfte (M 2.7)

Delinquenz im Jugendalter

Delinquenz bedeutet laut Duden „Straffälligkeit". Delinquenz variiert in Art und Häufigkeit mit dem Alter. Die Kriminalitätsbelastung erreicht im Jugendalter bei den 16- bis 20-Jährigen einen Hohepunkt und fallt dann wieder kontinuierlich und deutlich ab.

Aus neueren Dunkelfelderhebungen ist bekannt, dass ein großer Teil der Jugendlichen gelegentlich Gesetzesverstöße begeht. Diese reichen von Ordnungswidrigkeiten bis hin zu Straftaten wie Eigentums-, Gewalt- und Sexualdelikte.

Jugenddelinquenz kann u. a. als ein Entwicklungsphänomen interpretiert werden, als ein Anpassungsversuch an eine spezifische Situation.

Hierbei lassen sich zwei Gruppen unterscheiden:

Die persistent Delinquenten
Sie weisen eine hohe Kontinuität auf. Aggressivität in der Kindheit, zuerst kleinere Diebstähle und Einbrüche, im Erwachsenenalter Raubüberfälle, Gewalt und Betrug. Die Straffälligkeiten bestehen in verschiedenen Situationen und zu verschiedenen Gelegenheiten und bleiben über die Zeit stabil.

Die Jugenddelinquenten
Die ersten Straftaten werden in der Pubertät bzw. Adoleszenz begangen und werden mit hoher Wahrscheinlichkeit im frühen Erwachsenenalter wieder aufgegeben.

Jugenddelinquenz wird mitunter auch aus der besonderen Situation der Jugendlichen in der Gesellschaft erklärt:

- ☐ Die Sexualreife erfolgt in immer früherem Alter.
- ☐ Die Ausbildung für komplexe Berufe dauert immer länger.
- ☐ Die Zeitspanne, in der Jugendliche biologisch erwachsen sind, kulturell und gesellschaftlich aber nicht als erwachsen gelten, wird immer länger.
- ☐ Demonstration von Autonomie wird zunehmend wichtiger. Familiäre und allgemeine Reglementierungen stärken das Bedürfnis nach Autonomie.
- ☐ Streben nach höherem Sozialstatus nimmt zu.
- ☐ Ausgleich von schulischen Misserfolgen ist schwierig.
- ☐ Erlebnis von Sinnverlust, drohende Arbeitslosigkeit und mangelnde Zukunftsperspektiven werden bewusster wahrgenommen.
- ☐ Veränderte familiäre Gegebenheiten schwächen. Mangel an Aufsicht und fehlendes Interesse der Eltern führen zu Desorientierung.
- ☐ Steigerung des Luxuskonsums überfordert die eigenen finanziellen Möglichkeiten.

Unter dem Einfluss von biologischen Voraussetzungen, soziokulturellen Erwartungen und persönlichen Möglichkeiten müssen Jugendliche ihren Weg finden, um ihre Entwicklungsaufgaben zu lösen.

Baustein 3:

„Was ich sagen will – und wie ich verstanden werde." Warum man manchmal aneinander vorbeiredet

B 3

BAUSTEINE

Thema:

Wissen über Kommunikation als Hilfe zum Erkennen und Vermeiden von Konflikten und Missverständnissen

Intention:

Zwischen gemeinter und ankommender Botschaft unterscheiden lernen

Materialien/Medien:

M 3.1 - Kopiervorlage: So wie Lorenz es versteht, hat Maike es nicht gemeint

M 3.2 - Kopiervorlage: Stefan fühlt sich angesprochen. War er gemeint?

M 3.3 - Kopiervorlage: Auch hier ist etwas schiefgegangen!

M 3.4 - Kopiervorlage: Wie sehe ich mich – wie sehen mich andere?

M 3.5 - Kopiervorlage: Gefühle sind immer dabei – sehen wir sie?

M 3.6 - Karteikarte: Sich verständigen – ohne Worte, mit Gefühl

Bezug zu anderen Bausteinen:

Baustein 4

Zeitrahmen:

nach Bedarf

Problemfeld:

Als die Lehrerin morgens zur ersten Stunde die Klasse betritt, wirkt sie leicht gereizt: „Der Hausmeister hat sich heute Morgen bei mir schon wieder beschwert, dass das Klassenzimmer aussah wie eine Müllhalde. So geht das nicht weiter!" Stefan reagiert wütend: „Warum schauen Sie wieder mich an? Immer soll ich an allem schuld sein!" Die Lehrerin findet Stefans Tonfall respektlos und stellt den Schüler zur Rede. Nun schaukelt der Streit sich hoch, denn auch Stefan fühlt sich falsch behandelt.

Weder die Lehrerin noch Stefan hatten vor dieser Kommunikationssituation irgendeinen Grund, aneinanderzugeraten. Zwar war die Lehrerin unzufrieden mit der Klasse, die offenbar wieder zu viel Unordnung hinterlassen hat. Aber sie hatte keineswegs die Vorstellung, speziell Stefan sei verantwortlich dafür. Stefan wiederum hatte nicht die Absicht zu provozieren. Doch weil er schon drei Tage zuvor von der Lehrerin wegen angeblich unzureichender Hausaufgaben getadelt wurde, interpretierte er den mehr oder weniger zufällig auf ihn gerichteten Blick der Lehrerin als Vorwurf.

Das Beispiel macht anschaulich, dass Mitteilungen zwischen Sender und Empfänger vielfach verschlüsselt sind.[1] Die Informationsverarbeitung in der Kommunikation unterliegt zahlreichen Einflüssen und läuft schnell und häufig unbewusst ab.[2] Bereits die Wahrnehmung einer Person bzw. einer Situation ist von Gefühlen begleitet. Der Mitteilende kann deshalb nicht davon ausgehen, dass seine Nachricht so verstanden wird, wie sie gemeint ist. Ebenso wenig kann der Empfänger sicher sein, dass er den anderen tatsächlich verstanden hat. Neben dem reinen Wortsinn spielen Tonfall, Mimik, Gestik, Körperhaltung sowie auch vorausgegangene Erlebnisse und Eindrücke eine Rolle beim Interpretieren zwischen Sender und Empfänger.

Gerade im Schulalltag, in dem alle Beteiligten es mit vielen Menschen in rasch wechselnden Situationen zu tun haben, kommt es leicht zu Missverständnissen, zum Beispiel durch unerwartete Interpretationen und nicht angemessen beachtete Emotionen. Zwar dürfte es kaum möglich sein, alle Einflüsse, die in einer Kommunikationssituation wirken, gezielt zu kontrollieren. Eine Möglichkeit jedoch, den Teufelskreis aus Fehldeutungen, Reaktionen und weiteren Missverständnissen zu verlassen, ist es, nach und nach zu lernen, Kommunikation zusammen mit den Schülern zu betrachten, statt sie nur geschehen zu lassen. Dazu gehört auch das Wissen über das Fühlen[3] sowie die Erkenntnis, dass eine gesprochene Botschaft verschiedene Seiten hat. So unterscheidet zum Beispiel das Kommunikationsmodell von Schulz von Thun bei einer Aussage folgende Dimensionen: Sachinhalt, Selbstoffenbarung, Beziehungsaspekt und Appell.

Um dies am oben dargestellten Konflikt zunächst nur mit Blick auf die Lehrerin zu konkretisieren:

- Beim *Sachinhalt* geht es um den Bedeutungsgehalt der Wörter. Im Beispiel betrifft das eigentlich nur die Mitteilung, dass der Klassenraum in einem nicht akzeptablen Zustand („Müllhalde") war und dass der Hausmeister dies bemängelt hat.
- In der Aussage der Lehrerin steckt auch eine *Selbstoffenbarung*. Tonfall und auch die Wortwahl („Müllhalde", „so geht das nicht weiter") drücken ihre Verstimmung aus.
- Außerdem kommt die *Beziehung* zwischen Lehrerin und Schülern ins Spiel. Die Lehrerin sieht es als ihre Aufgabe an, die Klasse zum Aufräumen zu bewegen.
- Schließlich steckt auch ein *Appell* in ihren Worten, die deutlich machen, dass sich das Verhalten der Klasse ändern muss.

Aus der Perspektive von Stefan sieht die Situation ganz anders aus:

- Als *Sachinhalt* hört er, bedingt durch den wie auch immer motivierten Blick der Lehrerin und durch sein vorausgehendes Hausaufgabenerlebnis, einen Vorwurf.
- Seine Wut zeigt durch die *Selbstoffenbarung*, dass er sich persönlich angegriffen fühlt.
- Stefan realisiert eine hierarchische *Beziehung* zwischen Lehrerin und Schüler, denn sonst würde er sich nicht aufregen.
- Sein *Appell*: Behandeln Sie mich nicht ungerecht!

Sicherlich kann man die vier Seiten der Kommunikation an Hand des Fallbeispiels auch anders interpretieren. Entscheidend ist nicht die Suche nach einem eindeutig richtigen Verständnis, sondern die Erfahrung, dass man seinen Urteilshorizont erweitert, wenn man Kommunikationssituationen aus verschiedenen Perspektiven betrachtet.

Ziele:

- ☐ Kommunikation unter verschiedenen Gesichtspunkten betrachten
- ☐ Konflikte auch auf Missverständnisse in der Kommunikation zurückführen
- ☐ den Einfluss von Emotionen in der Kommunikation beachten
- ☐ eigene Wahrnehmungen und eigenes Erleben hinterfragen
- ☐ die Bedeutung des Perspektivenwechsels erfahren
- ☐ den anderen als eine Person mit eigenen Wünschen, Bedürfnissen, Interessen und Rechten respektieren lernen
- ☐ eine Haltung anbahnen, die sich auch um Vermeidung und freundliche Aufklärung von Missverständnissen bemüht

Viele Botschaften in einer Aussage **Material 3.1 – 3.4, S. 49-52**

Das Kommunikationsmodell von Schulz von Thun liefert die Grundidee, Kommunikationssituationen systematisch aus verschiedenen Perspektiven zu betrachten. Allerdings verlangen die zentralen Analysekategorien wie „Sachinhalt", „Selbstoffenbarung", „Appell" und „Beziehungsaspekt" ein Unterscheidungsvermögen, das in diesem Alter erst grundgelegt werden muss. Dazu ist es notwendig, dass die Schülerinnen und Schüler zunächst einmal erfahren, dass scheinbar eindeutige Aussagen unterschiedliche Interpretationen ermöglichen und somit verschiedene Botschaften beinhalten:

- ☐ Zunächst sollen die Schülerinnen und Schüler sich mit einer missverständlichen Kommunikationssituation auseinandersetzen und versuchen, die unterschiedlichen Perspektiven der Beteiligten zu erkennen (siehe Materialien 3.1, S. 49 und 3.2, S. 50).
  Sicherlich werden die Schülergruppen zu unterschiedlichen Ergebnissen gelangen. Damit wird deutlich, dass es nicht um eindeutig richtig oder falsch geht. Vielmehr kommt es darauf an, die Interpretierbarkeit von Aussagen zu erkennen und als eine Quelle von Missverständnissen und Konflikten verstehen zu lernen.
- ☐ Nach einiger Übung lassen sich auch selbst erlebte Situationen untersuchen (Material 3.3, S. 51).
- ☐ Zur weiteren Vertiefung kann der Perspektivenwechsel auch an Beispielen für Selbst- und Fremdwahrnehmung erfahrbar gemacht werden (siehe Material 3.4, S. 52).

Gefühle sind immer dabei – sehen wir sie? **Material 3.5, S. 53**

Kommunikation wird von Gefühlen begleitet und beeinflusst. Die Berücksichtigung von Gefühlen in der Kommunikation kann dazu beitragen, Konflikte zu entschärfen und Missverständnisse zu vermeiden. Nicht zuletzt deshalb fordert zum Beispiel Wolf Singer, Neurophysiologe und Direktor des Frankfurter Max-Planck-Instituts für Hirnforschung, dass Schülerinnen und Schüler in der Schule Gelegenheit bekommen, sich mit Gefühlen auseinanderzusetzen.[4] Allerdings müssen die Schülerinnen und Schüler im Jugendalter neu lernen, eigene Gefühle und die von anderen anzuerkennen, sie zu beurteilen und angemessen einzubringen.

Ein erster Schritt dazu soll mit dem Material 3.5 (S. 53) gemacht werden. Es bietet einerseits Situationen, die den Schülerinnen und Schülern vertraut sein dürften, andererseits sind sie nicht direkt als Personen involviert, so dass es ihnen leichter fallen kann, sich über mögliche Gefühle der Beteiligten zu äußern. Auch hier kommt es nicht auf „richtige" Bildinterpretationen an. Entscheidend ist vielmehr

- ☐ das gemeinsame Gespräch über die Rolle von Gefühlen in den dargestellten Situationen,
- ☐ die Einsicht, dass die Gefühle unterschiedlich wahrgenommen werden können und
- ☐ die Anbahnung der Erkenntnis, dass eine unterschiedliche Wahrnehmung von Gefühlen zu Missverständnissen führen kann.

B 3

Weitere Nutzungsmöglichkeiten:

- Nach der Bearbeitung des Materials in Partner- oder Gruppenarbeit die Szenen als Rollenspiel nachstellen.
- Einzelne Szenen aus dem Material 3.5 auf dem Kopierer vergrößern und als Zentrum für ein Plakat nutzen; auf dem Plakat unterschiedliche Sichtweisen zum Ausdruck bringen.

Sich verständigen – ohne Worte **Material 3.6, S. 54**

Mit dieser Übung wird eine Kommunikationssituation geschaffen, die dazu motiviert, andere aufmerksam wahrzunehmen, ihre Signale sorgfältig zu deuten und selbst eindeutige Botschaften unter erschwerten Bedingungen zum Ausdruck zu bringen. Das anschließende Gespräch ermöglicht Reflexionen darüber, wie Absichten zum Ausdruck kommen und wie sie unterschiedlich interpretiert werden können (z.B. „Ich habe dir doch die Zahl mit meinen Händen gezeigt." „Aber das ging viel zu schnell. So schnell konnte ich nicht 22 erkennen.").

BAUSTEINE

Anmerkungen

1 Schulz von Thun, F. (2004): Miteinander Reden. Störungen und Erklärungen. 40. Auflage, Reinbek

2 Crick, N. R. & Dodge, K. A. (1994): A Review and Reformulation of Social Information-Processing Mechanisms in Children's Social Adjustment. In: Psychological Bulletin, 115, S. 74-101. Siehe auch Petermann, F. (2000): Lehrbuch der Klinischen Kinderpsychologie und -psychotherapie. 4. Auflage. Göttingen u.a., S. 203

3 Barchfeld, P. & Sodian, B. (2005): Vom Wissen über das Fühlen. In: Sache Wort Zahl, H. 60, S. 4-8

4 Singer, W. (2002): Was kann ein Mensch wann lernen? In: Killius, N.; Kluge, J. & Reisch, L. (Hrsg.): Die Zukunft der Bildung. Frankfurt am Main, S. 78-99

Kopiervorlage (M 3.1)

M 3.1

So wie Lorenz es versteht, hat Maike es nicht gemeint

Lorenz ist sich nicht sicher, wie die anderen aus der Klasse seine neue Frisur finden werden. Als er morgens in die Schule kommt, sieht er drei Mädchen aus seiner Klasse miteinander kichern und tuscheln. Wahrscheinlich lästern sie wieder über jemanden, denkt Lorenz. In Wirklichkeit unterhalten sich die drei über den Fernsehfilm gestern. Als Lorenz an ihnen vorbeigeht, bemerkt Maike aus der Mädchengruppe: „Sieht cool aus." Lorenz glaubt, sie würde nun auch über ihn lästern und raunzt: „Halt doch deine Klappe ..."

Hier liegt offensichtlich ein Missverständnis vor. Lorenz versteht etwas anderes, als Maike es sich gedacht hat. Maike kann wiederum nicht wissen, warum Lorenz so reagiert. Solche Situationen kennst du wahrscheinlich auch. Was man meint und wie es ankommt, ist nicht das Gleiche.

Was wollte Maike sagen?

____

____

____

____

Was hat Lorenz verstanden?

____

____

____

____

Wie ist das Missverständnis entstanden?

____

____

____

____

Hätte man das Missverständnis vermeiden können?

____

____

____

____

M 3.2

MATERIALBOGEN

Kopiervorlage (M 3.2)

Stefan fühlt sich angesprochen. War er gemeint?

Die Lehrerin kommt in die Klasse und berichtet: „Der Hausmeister war heute morgen schon wieder sauer auf euch. Das Klassenzimmer sah gestern Mittag aus wie eine Müllhalde. So geht das nicht weiter!" Daraufhin beschwert sich Stefan: „Warum schauen Sie schon wieder mich an? Immer soll ich an allem schuld sein!" Die Lehrerin fand den Ton von Stefan respektlos und schreibt eine Mitteilung an die Eltern.

Versuche herauszufinden, wie das Missverständnis entstanden sein könnte.

Was wollte die Lehrerin erreichen?

____

____

____

____

Wie kam es, dass Stefan so reagierte?

____

____

____

____

Was hätte die Lehrerin tun können, um das Missverständnis aufzuklären?

____

____

____

____

Was hätte Stefan tun können, um das Missverständnis aufzuklären?

____

____

____

____

Kopiervorlage (M 3.3)

Auch hier ist etwas schiefgegangen!

M 3.3

Sucht in der Gruppe typische Missverständnisse, die ihr selbst erlebt habt.
Erzählt euch, was abgelaufen ist.
Einigt euch auf ein Ereignis, das ihr näher besprechen wollt.
Schreibt es in wenigen Zeilen auf.

Was hat Person A gemeint?

____

____

____

____

Was hat Person B gemeint?

____

____

____

____

Wie hätte man das Missverständnis vermeiden können?

____

____

____

____

M 3.4

MATERIALBOGEN

Kopiervorlage (M 3.4)

Wie sehe ich mich – wie sehen mich andere?

Findet euch in Dreiergruppen zusammen.
Jeweils zwei von euch sollen den Dritten kurz beschreiben.
a) Was fällt euch in dieser Situation an dem anderen auf?
(z.B. Kleidung, Frisur, Gesichtsausdruck, momentane Stimmung ...)
b) Was kann man sonst noch Besonderes über ihn/über sie sagen?
Jeder in der Gruppe kommt einmal dran.
Also: Es gibt immer einen, der beschrieben wird und zwei, die beschreiben.

Für den, der gerade beschrieben wird
Beschreibe auch du dich selbst. Stichworte genügen. Zeit: höchstens 5 Minuten

Zu a) ______________________________

____

Zu b) ______________________________

____

Für die zwei, die gerade beschreiben
Notiert zunächst auf einem extra Blatt, was euch zu dem anderen einfällt. Jeder arbeitet für sich! Nach 5 Minuten übertragt ihr eure Beschreibungen auf dieses Blatt.

1. Beobachter/in:

Zu a) ______________________________

Zu b) ______________________________

2. Beobachter/in:

Zu a) ______________________________

Zu b) ______________________________

Welche Unterschiede und welche Übereinstimmungen findet ihr
- in den Beschreibungen der beiden Beobachter/innen,
- zwischen den Beschreibungen der Beobachter/innen und den Selbstbeschreibungen?

Kopiervorlage (M 3.5)

Gefühle sind immer dabei – sehen wir sie?

M 3.5

Alles, was wir tun, wird von Gefühlen begleitet. Du kennst Wut, Zuneigung, Traurigkeit, Freude, Angst: Welche Gefühle kennst du noch? Schreibe sie auf:

Welche Gefühle könnten in den dargestellten Situationen vorkommen?
Schreibe sie neben die dazugehörigen Skizzen.

Vergleiche deine Sichtweise mit dem, was dein Nachbar notiert hat.
Gibt es Unterschiede?

Kennst du Situationen (Schule, Familie, Freundeskreis), in denen Gefühle zu Missverständnissen geführt haben?

M 3.6

MATERIALBOGEN

Karteikarte (M 3.6)

Sich verständigen – ohne Worte, mit Gefühl

Die Schülerinnen und Schüler sollen sich in alphabetischer Reihenfolge ihrer Vor- oder Nachnamen aufstellen. Dabei lassen sich unterschiedliche Verständigungsschwierigkeiten einbauen.

- ☐ **Wenig Platz zur Verfügung haben** (zum Beispiel auf einer Kreidelinie im Klassenzimmer, auf einer Turnbank, auf einem ausgelegten Seil).
- ☐ **Nicht sprechen dürfen** (Verständigung nur mit Mimik und Gestik).
- ☐ Schwieriger wird es, wenn die Schülerinnen und Schüler sich zunächst in beliebiger Reihenfolge an den Markierungen aufstellen und sich mit Mimik und Gestik aneinander vorbeilotsen.
- ☐ Statt einer Orientierung an Namen ist es auch möglich, dass jeder eine Nummer zieht und die Aufstellung nach der Größe der Zahlen erfolgt. Die Zahlen dürfen nicht ausgesprochen werden.

Anregungen für die anschließende Reflexion mit der Klasse:

- ☐ Was war neu, was war schwierig?
- ☐ Was hat gut funktioniert? Warum?
- ☐ Was hat nicht gut funktioniert? Warum?

Baustein 4:

„Let's talk" - Konfliktbehandlung in der Schulklasse

Thema:

Konfliktbewältigung im schulischen Alltag

Intention:

Entwicklung eines konstruktiven Konfliktverständnisses durch Förderung konfliktregulierender emotionaler und sozialer Kompetenzen

Fachbezug:

Deutsch, Erziehungskunde, Ethik, Religion, Sozialkunde

Materialien/Medien:

M 4.1 - Karteikarte: Konfliktlandschaft

M 4.2 - Karteikarte: Gefühlspantomime

M 4.3 - Karteikarte: Auf dem Marktplatz der Gefühle

M 4.4 - Karteikarten: Eigene Interessen vertreten können (1 und 2)

M 4.5 - Karteikarte: Gut zuhören – interessiert nachfragen. Anregungen für ein Plakat

M 4.6 - Karteikarten: Konfliktmoderation (1 - 4)

M 4.7 - Karteikarten: Konfliktthermometer (1 und 2)

M 4.8 - Kopiervorlage: Das unterschreibe ich

M 4.9 - Kopiervorlage: Gefühlen auf die Spur kommen

M 4.10 - Kopiervorlage: Gut zuhören – das kann man zeigen

M 4.11 - Kopiervorlage: Zuhören ist gut – nachfragen ist manchmal besser

Bezug zu anderen Bausteinen:

Bausteine 3, 7 und 8

Zeitrahmen:

Übungen und Einheiten von 30 bis 45 Minuten, Sitzungen des Klassenrats ca. 90 Minuten

B 4

BAUSTEINE

Problemfeld:

Die Klassenlehrerin einer 8. Klasse bemerkt seit einigen Wochen, dass es während ihres Unterrichts ständig zu herabsetzenden und kränkenden Bemerkungen zwischen zwei Gruppen in der Klasse kommt. Ihre Kollegen machen ähnliche Beobachtungen. Nachdem es in der Pause auf dem Schulhof eine tätliche Auseinandersetzung zwischen zwei Schülerinnen dieser Klasse gibt, bei der einer Schülerin das Gesicht zerkratzt wird, macht die Lehrerin den Konflikt in der Klasse zum Thema. Sie erfährt dabei, dass es seit Wochen eine unterschwellig ausgetragene Auseinandersetzung zwischen Jessica und Maria gibt.

Vielfältige Konflikte belasten den schulischen Alltag und erschweren den Aufbau eines konstruktiven und lernförderlichen Klimas. Vielerorts sind zur Förderung eines konstruktiven Miteinanders Streitschlichter- und Mediationsprogramme etabliert worden. Für diese klassenübergreifenden Programme ist eine intensive Ausbildung zum Streitschlichter notwendig. Der vorliegende Baustein zielt auf das Erlernen und Einüben von Elementen der Konfliktmoderation im Klassenverband. Gerade für das Jugendalter ist der Umgang mit den dabei beteiligten Gefühlen mitunter schwierig.[1] Daher werden auch Übungen zur Einschätzung von Konflikten sowie zur Wahrnehmung und zum Ausdruck von Gefühlen angeboten.[2]

Ziele:

- Akzeptieren, dass Konflikte im Zusammenleben unvermeidbar sind
- Konflikte bewusst wahrnehmen und thematisieren
- Die eigene Einstellung zu Konflikten reflektieren
- Die Rolle von Gefühlen in Konflikten erkennen
- Gefühle wahrnehmen und ausdrücken
- Gespräche über Konflikte angemessen führen können
- Zuhören und nachfragen üben
- Konflikte analysieren und moderieren
- Perspektivenwechsel erproben

Worauf man achten sollte:

Bevor Sie als Lehrkraft Konflikte in ihrer Klasse bearbeiten, sollten sie sich mit Ihrem eigenen Konfliktverständnis auseinandersetzen:

- Welche Art von Konflikten finde ich besonders schwierig?
- Wie gehe ich (bisher) mit Konflikten um?
- Empfinde ich Konflikte als Bedrohung oder als Chance für die persönliche Weiterentwicklung?
- Würde ich gerne meine eigene Konfliktfähigkeit stärken?

Eine offene Selbsteinschätzung zu diesen Fragen kann helfen zu klären, welche Ziele Sie für sich und für Ihre Klasse anstreben. Auch organisatorische Rahmenbedingungen und Ihre persönliche „Tagesform" sollten Sie nicht außer Acht lassen. Bieten Sie die Übungen und Bausteine an Tagen an, an denen Raum und Zeit dafür passen.

Im Umgang mit den Konflikten in der Klasse kommt Ihnen die Rolle des „ehrlichen Maklers" zu. Sie müssen entscheiden, ob es sich um einen Konflikt handelt, der ausschließlich einige Schüler betrifft, oder ob die Klasse einbezogen werden muss.

B 4

BAUSTEINE

Bevor Sie beginnen, sollten Sie daher folgende Fragen mit „Ja“ beantworten können:

- Bin ich in der Lage, während der Durchführung der Einheiten die Rolle eines unparteiischen und nicht wertenden Moderators einzunehmen?
- Bin ich bereit, meine persönlichen und fachlichen Grenzen ernst zu nehmen und mir im Ernstfall Unterstützung (kollegiale Beratung, Schulpsychologen, Jugendhilfeeinrichtungen, Mediatoren u.a.m.) zu holen?
- Kann ich akzeptieren, wenn sich kein kurzfristig wahrnehmbarer Erfolg (höhere Konzentrationsfähigkeit der Klasse, größere Disziplin ...) einstellt?

Vier Trainingseinheiten für Schülerinnen und Schüler der Jahrgangsstufen 5 - 8

Die Trainingseinheiten umfassen unterschiedliche Zeiträume, die bei der jeweiligen Einheit genauer erläutert werden. Inhaltlich geht es dabei um

- das eigene Verständnis von Konflikten „Zoff - Du kennst dich aus damit“ (1),
- die Rolle von Gefühlen in Konflikten „Nur cool sein - ist das cool?“ (2),
- „Ein gutes Gespräch für mich und für dich“ (3),
- Konfliktmoderation in der Klasse (4).

Mithilfe der Einheiten 1-3 lässt sich jederzeit in die Thematik einsteigen. Sie erarbeiten „Basiskompetenzen“ für eine konstruktive Konfliktlösung. Einheit 4 bezieht sich auf einen realen Konfliktfall der Klasse und kann als ein „Modell“ für die klasseninterne Konfliktbearbeitung verstanden werden.

Folgende Rahmenbedingungen erhöhen die Chance des Gelingens:

- genügend Zeit,
- eine vorbereitete Umgebung, z.B. das Klassenzimmer ohne Tische oder Tische an den Rand geschoben, Stuhlkreis,
- Medien, die nicht unterrichtsüblich sind, z.B. Moderationswände und Flipchart, Moderationsmaterial (bunte Karten, Marker ...),
- Bereitschaft der Lehrkraft, das Erarbeitete in regelmäßigen Klassenratssitzungen weiterzuentwickeln.
- Wenn Sie die Möglichkeit dazu haben, setzen Sie eine zusätzliche pädagogische Kraft (z.B. eine pädagogische Assistentin oder externe Moderatorin) ein, um in den Trainingseinheiten das Potenzial von Komoderation bzw. Team-Teaching auszuschöpfen.

(1) „Zoff - Du kennst dich aus damit!“ — Material 4.1, 4.7, 4.8, S. 60, 65, 66

Hier geht es zunächst darum, für Konflikte zu sensibilisieren, ein angemessenes Verständnis des Begriffs „Konflikt“ zu erarbeiten und Anstöße zu geben, die eigene Einstellung zu Konflikten zu reflektieren. Dabei sollen Konflikte als etwas Normales im Zusammenleben von Menschen angenommen werden. Nicht der Konflikt als solcher ist problematisch, sondern der Umgang damit. Dazu werden folgende Anregungen gegeben:

- Konfliktlandschaft (Material 4.1, S. 60)
- Konfliktthermometer (Material 4.7, S. 65)
- Das unterschreibe ich (Material 4.8, S. 66)

(2) „Nur cool sein – ist das cool?“ Material 4.2, 4.3, 4.9, S. 60, 61, 67

Während in der Trainingseinheit 1 das eigene Verständnis von Konflikten im Vordergrund steht, macht die Trainingseinheit 2 darauf aufmerksam, dass Konflikte stets von Gefühlen begleitet sind. Außerdem werden Übungen zur Wahrnehmung und zum Ausdruck von Gefühlen angeboten. Dabei kommt es besonders darauf an, verbale und nonverbale Signale zu erkennen und zu nutzen. Dafür werden folgende Anregungen gegeben:

- Gefühlen auf die Spur kommen (Material 4.9, S. 67)
- Gefühlspantomime (Material 4.2, S. 60)
- Auf dem Marktplatz der Gefühle (Material 4.3, S. 61)

(3) „Ein gutes Gespräch für mich und für dich“ Material 4.4, 4.5, 4.10, 4.11, S. 61-62, 62, 68, 69

Damit die Schüler wahrnehmen, dass Konflikte von Gefühlen begleitet werden (1) und dass die Fähigkeit, Gefühle wahrzunehmen (2), sich konstruktiv auswirken kann, muss ein entsprechendes Gesprächsverhalten miteinander geübt werden. Dazu gehört die Bereitschaft und die Fähigkeit, aktiv zuzuhören. Diese Bereitschaft wird gefördert, wenn Jugendliche erfahren, dass auch ihre Interessen und Bedürfnisse nicht zu kurz kommen, sie also auch gehört werden. Daher wird neben einer Übung für gutes Zuhören auch eine Anregung gegeben, wie man eigene Interessen im Konflikt wahren kann:

- Eigene Interessen vertreten können (Material 4.4, S. 61-62)
- Zuhören können (Material 4.10, S. 68)
- Zuhören ist gut – nachfragen ist manchmal besser (Material 4.11, S. 69)
- Um die Gesprächsregeln für alle präsent zu halten, kann in der Klasse ein Plakat erarbeitet werden („Gut zuhören – interessiert nachfragen“):
  - Inhalt und Entwurf des Plakats kann in Gruppen vorbereitet werden.
  - Dabei können auch die zuvor bearbeiteten Materialien genutzt werden (4.10, S. 68; 4.11, S. 69).
  - Jede Gruppe bekommt als zusätzliche Anregung eine Kopie der Karteikarte M 4.5 (S. 62).

(4) Konfliktmoderation in der Klasse Material 4.6 S. 63-64

Zahlreiche kleinere Konflikte zwischen einzelnen Schülerinnen und Schülern belasten in vielen Klassen die Unterrichtssituation und führen zu Irritationen und Störungen. Meist werden diese Konflikte von den Lehrern übergangen. So bleiben sie ungelöst, und nicht selten kommt es zu Eskalationen außerhalb des Unterrichts. Diese Einheit stellt vor, wie in einem Klärungsgespräch solche Konflikte bearbeitet werden können.

Das Klärungsgespräch verläuft in vier Phasen. Die Karteikarten „Konfliktmoderation“ (Material 4.6, S. 63-64) machen Vorschläge für den Ablauf.

In den ersten Sitzungen wird die Lehrerin/der Lehrer als Moderator federführend sein. Wiederholt sich etwas (wie z.B. in der Gesprächsphase des Perspektivenwechsels, Material 4.6-3, S. 64), kann sie/er den Schülermoderator einbeziehen, der dieselben Aufgaben an die andere Partei stellt. Wenn das Verfahren den Schülern bekannt ist, kann sich der Lehrer aus der Moderation mehr und mehr zurückziehen und letztlich sogar eine(n) zweite(n) Schüler(in) als Moderator(in) einsetzen. Konflikte, die mit hohen Scham- und Schuldgefühlen besetzt sind, Mobbingfälle sowie Vorkommnisse mit hohem Aggressionsanteil dürfen nicht in diesem Verfahren geklärt werden. In diesen Fällen sollten Sie spezialisierte Beratungseinrichtungen hinzuziehen.

Das Verfahren kann, einmal kennengelernt, der Grundstein für die eigenverantwortliche Gestaltung von regelmäßigen Klassenratssitzungen sein. Ein zuverlässiger zeitlicher Rahmen für die sorgsame Auseinandersetzung mit dem Zusammenleben in der Klassengemeinschaft trägt dazu bei, die Verantwortlichkeit der Schülerinnen und Schüler füreinander zu stärken.[3]

B 4

Anmerkungen

1 Seiffge-Krenke, I. (2002): Emotionale Kompetenz im Jugendalter: Ressourcen und Gefährdungen. In: Salisch, M. v. (Hrsg.): Emotionale Kompetenz entwickeln. Stuttgart, S. 51-72

2 Karakus, M. (2000): Wie können Jugendliche Konflikte konstruktiv bearbeiten? Ein Trainingshandbuch für Projektunterricht und außerschulische Jugendarbeit. Hamburg.
Walker, J. (1995): Gewaltfreier Umgang mit Konflikten in der Sekundarstufe I. Spiele und Übungen. Frankfurt am Main

3 Faller, K.; Kerntke, W. & Wackmann, M. (1996): Konflikte selber lösen. Mediation für Schule und Jugendarbeit. Mülheim an der Ruhr
Leiß, M. & Kaeding, P. (1997): Peer-Mediation an Schulen. Ein Trainingsbuch. Hamburg
Thon, C. & Buthmann, A. (2001): Fair streiten lernen. Ein Tutoren- und Präventionsprogramm für die Sekundarstufe. Mülheim an der Ruhr
Walker, J. (Hrsg.) (2001): Mediation in der Schule. Konflikte lösen in der Sekundarstufe I. Berlin

M 4.1
M 4.2

MATERIALBOGEN

Karteikarte (M 4.1)

Konfliktlandschaft

- ☐ Schülerinnen und Schüler beschreiben auf einer Karteikarte in Stichworten einen selbst erlebten Konflikt. Fragen dazu können vorher auf Folie/Tafel geschrieben werden.
  - Wer war an dem Konflikt beteiligt? Mit wem hast du gestritten?
  - Wann und wo fand der Konflikt statt? Worum ging es in dem Konflikt?
  - Was taten die Beteiligten? Warum taten sie es?
  - Wie ist der Konflikt gelöst worden?

  Alternativ kann der Konflikt auch gemalt oder als Collage gestaltet werden. Anschließend soll der Karteikarte oder dem Bild ein Titel gegeben werden.
- ☐ Karteikarten bzw. Bilder in die Mitte des Stuhlkreises legen, ggf. geordnet, zum Beispiel nach Konfliktbeteiligten, Gründen etc.; „Landschaft“ nicht diskutieren, sie soll den Schülern ihre vielfältigen Konflikterfahrungen veranschaulichen. Ausreichend Zeit zum Lesen lassen.
- ☐ Was haben die Konflikte gemeinsam? Antworten in Stichworten festhalten und in die Mitte der Landschaft legen.
- ☐ Vor der Bearbeitung im Plenum könnten Untergruppen, zum Beispiel Mädchen und Jungen, sich zunächst getrennt über„typische“ Konflikte austauschen.

Karteikarte (M 4.2)

Gefühlspantomime

- ☐ Die Schülerinnen und Schüler bekommen je 4er- oder 5er-Gruppe zehn Zettel, auf denen jeweils ein Gefühl benannt ist („Gefühls-Lose“).
- ☐ Jede/r aus der Gruppe zieht ein Gefühls-Los.
- ☐ Reihum stellt jede/r das gezogene Gefühl dar, ohne zu sprechen.
- ☐ Die anderen Gruppenmitglieder erraten das entsprechende Gefühl und achten dabei auf Gesichtsausdruck, Bewegung, Körperhaltung.
- ☐ Gemeinsame Besprechung: Gibt es typische Ausdrucksweisen für bestimmte Gefühle?

„Gefühls-Lose“

glücklich	traurig	ängstlich	wütend	stolz
aufgeregt	frustriert	gelangweilt	gekränkt	hilflos

Karteikarte (M 4.3)

Auf dem Marktplatz der Gefühle

☐ Lehrerin bzw. Lehrer gibt folgenden Auftrag:

Stell dir vor, wie du über einen Markt schlenderst. Du triffst Bekannte und begrüßt diese in der jeweiligen Stimmung. Du machst mit deinem Körper und deiner Stimme deine Gefühlslage deutlich.
„Du bist gut gelaunt ... traurig ... wütend ... überrascht ... gelangweilt ... ängstlich ... neugierig ... unsicher ... fröhlich ... verlegen."

☐ Jeweils zwei Schüler spielen der Klasse die Szene vor:
Sie schütteln sich die Hände und begrüßen sich in der entsprechenden Gefühlslage.

☐ Nach mehreren Szenen Austausch im Plenum:
- Welche Gefühle verwechselt man leicht?
- Welche Gefühle konnte man leicht erkennen?
- Welche Gefühle ließen sich leicht darstellen?

Karteikarte (M 4.4-1)

Eigene Interessen vertreten können (1)

☐ Lehrerin/Lehrer wählt drei Schülerinnen/Schüler für ein Rollenspiel aus.
Jede/r bekommt eine Beschreibung der Rollen (Karteikarte 4.4-2).

☐ Die Spieler wählen sich jeweils eine Rolle aus und spielen die Szene etwa 5 Minuten vor.
Danach werden die Rollenbeschreibungen der ganzen Klasse vorgelesen.
(Alternative: vorher zwei Schülergruppen bestimmen; Szenen nacheinander vorspielen)

☐ Vorschläge für die gemeinsame Besprechung (in Gruppen, in der Klasse):
- An welchen Stellen war die Situation besonders schwierig?
- Was hätten die Beteiligten anders machen können?
- Gibt es Möglichkeiten, dass beide Mädchen sich gerecht behandelt fühlen?
- Die Spielerinnen können zu den Lösungsvorschlägen Stellung nehmen.
  Ist das für sie akzeptabel?

☐ Erweiternd können Vorschläge gesammelt werden:
„Was kann helfen, sich zu einigen?" (zum Beispiel: eigene Interessen und Bedürfnisse ehrlich formulieren; einander zuhören; nicht stur sein; sich in den anderen hineinversetzen ...)

M 4.4-2
M 4.5

MATERIALBOGEN

Karteikarte (M 4.4-2)

Eigene Interessen vertreten können (2)

Skizze zum Rollenspiel „Die letzte Orange"

Situation
Anja und Greta kommen in die Küche. In der Schale liegt noch eine Orange.
Anja greift zu und nimmt die Orange. Greta möchte auch eine Orange, doch leider bestätigt die Mutter, dass das die letzte war. Nun versuchen Greta und Anja einander zu überzeugen, dass jeweils sie das Anrecht auf die Orange hat.

Rolle Greta
Greta braucht den Saft der Orange, um den letzten Tag einer Diät erfolgreich abschließen zu können. Sie möchte jedoch nicht zugeben, dass sie eine Diät macht, da Anja sie sonst vielleicht auslachen würde.

Rolle Anja
Anja braucht die Schale der Orange, um einen Geburtstagskuchen für einen Jungen zu backen, bei dem sie heute Abend eingeladen ist und der ihr gut gefällt. Sie möchte das aber ihrer großen Schwester gegenüber nur sehr ungern zugeben, um nicht „gehänselt" zu werden.

Rolle Mutter
Sie versteht nicht, warum ihre Töchter sich wegen einer Orange so in die Haare kriegen können. Sie versucht den Streit zu schlichten.

Karteikarte (M 4.5)

Gut zuhören – interessiert nachfragen Anregungen für ein Plakat

Ihr habt einiges darüber gelernt, wie man gut zuhören kann.
Außerdem hilft es, sich gegenseitig an Regeln für gutes Zuhören zu erinnern.
Dabei kann ein Plakat im Klassenraum helfen.

- ☐ Erarbeitet in Gruppen einen Entwurf für ein Plakat.
- ☐ Besprecht und notiert, welche Regeln ihr auf das Plakat schreiben wollt.
- ☐ Sicherlich habt ihr auch Ideen für eine schöne und übersichtliche Gestaltung des Plakats.
- ☐ Hier findet ihr einige zusätzliche Vorschläge für die Regeln:
  - Den Gesprächspartner anschauen.
  - Zeige, dass du dich interessierst (z.B. hin und wieder nicken).
  - Lasse deine Gesprächspartner ausreden.
  - Wiederhole manchmal, was du verstanden hast („Du meinst, dass ...").
  - Frage nach, ob du richtig verstanden hast („Habe ich richtig verstanden, dass du ...").
  - Frage nach, wenn du etwas nicht verstanden hast („Ich habe dich gerade nicht verstanden, bitte ...").
  - Nicht stören, keine abwertenden Kommentare.
  - Gib keine ungefragten Ratschläge.

M 4.6-1
M 4.6-2

MATERIALBOGEN

Karteikarte (M 4.6-1)

Konfliktmoderation in der Klasse – Vorbereitungsphase

- ☐ Welche ungelösten Konflikte bestehen in der Klasse?
  Schriftlich oder im Klassengespräch klären.
- ☐ Jeder Konflikt erhält eine Bezeichnung, die auf eine Karte geschrieben wird.
  Die Karten (maximal vier) werden im Raum verteilt. Jeder Schüler/jede Schülerin stellt sich zu dem für ihn/für sie dringlichsten Konflikt.
- ☐ Der Konflikt, bei dem die größte Schülergruppe steht, soll bearbeitet werden.
- ☐ Jeder Schüler dieser Kleingruppe äußert sich dazu, warum es für ihn wichtig ist, dass dieser Konflikt geklärt wird.
- ☐ Klärung des Einverständnisses: Die Konfliktbeteiligten äußern sich vor der Klasse dazu, ob sie ihren Konflikt besprechen wollen. Ihr Einverständnis ist Voraussetzung.

Karteikarte (M 4.6-2)

Konfliktmoderation in der Klasse – Klärungsphase (1)

- ☐ Die beiden Konfliktbeteiligten setzen sich in der Mitte des Stuhlkreises gegenüber an einen Tisch.
- ☐ Jede Konfliktpartei bekommt zwei Mitschüler als „Unterstützer“.
  Diese nehmen jeweils hinter ihnen Platz.
- ☐ Der Lehrer und ein(e) Mitschüler(in), der/die mit dem Konflikt nichts zu tun hat, sitzen als Moderatoren mit am Tisch. Der Rest der Klasse sitzt im Außenkreis.
- ☐ Jede Partei stellt zunächst ihre Sicht dar; dann wird ein Wechsel der Perspektiven versucht (siehe Karteikarte M4.6-3 „Klärungsphase (2)“)

Sichtweisen darstellen

- Die beiden Moderatoren bitten die Konfliktbeteiligten, jeweils ihre Sichtweise des Konflikts darzustellen.
- Nacheinander erzählt jede Partei, wie sie den Konflikt erlebt.
- Die Unterstützer achten dabei auf die Einhaltung der Gesprächsregeln (zuhören und ausreden lassen, keine Beleidigungen).

M 4.6-3
M 4.6-4

MATERIALBOGEN

Karteikarte (M 4.6-3)

Konfliktmoderation in der Klasse – Klärungsphase (2)

Perspektivenwechsel versuchen

- Die Unterstützer der Konfliktpartei A wiederholen noch einmal möglichst genau die Sichtweise von Konfliktpartei B.
- Nun umgekehrt: Die Unterstützer der Konfliktpartei B wiederholen noch einmal möglichst genau die Sichtweise von Konfliktpartei A.
- Die Moderatoren achten jeweils darauf, dass die Positionen fair und vollständig wiedergegeben werden.
- Die Konfliktparteien geben nun die Position des jeweils anderen möglichst fair und vollständig wieder („A meint ..."). Die eigene Position darf in dieser Phase nicht noch einmal formuliert werden.

Karteikarte (M 4.6-4)

Konfliktmoderation in der Klasse – Lösungen finden

- ☐ Die Moderatoren fragen die Konfliktbeteiligten, ob sie glauben, dass sich ihr Konflikt lösen lässt.
- ☐ Die Moderatoren fragen die beiden, was sie sich jeweils für sich selbst wünschen würden und was sie dem anderen anbieten wollen (Karten in zwei Farben). Sie notieren dies auf den Karten (jede Partei eine Farbe) und legen die beschriebenen Karten auf den Tisch.
- ☐ Die beiden Parteien diskutieren die Karten. Sie sortieren sie danach, womit sie einverstanden sind und womit nicht.
- ☐ Die strittigen Karten werden den Schüler/innen im Außenkreis vorgelesen.
- ☐ Die Moderatoren fordern dazu auf, den Konfliktparteien eine Rückmeldung zu geben („*Wenn ich ... wäre, würde ich darauf bestehen, weil ...*"; „*Wenn ich ... wäre, würde ich nicht darauf bestehen, stattdessen würde ich ...*").
- ☐ Die Konfliktparteien hören sich die Vorschläge ihrer Mitschüler an ohne zu unterbrechen.
- ☐ Danach beraten sie die strittigen Karten erneut und versuchen ihre Lösung zu formulieren.
- ☐ Die Moderatoren schreiben mit, lesen die Vorschläge nochmals vor und fragen die Konfliktparteien, ob sie das unterschreiben möchten oder sich die Hand darauf geben können.
- ☐ Vielleicht möchte die Klasse Applaus spenden, wenn eine Einigung erzielt werden konnte.
- ☐ Etwa zwei Wochen später kann die Klasse noch einmal auf den Konflikt zurückkommen. Die Konfliktparteien erhalten Gelegenheit, ihre Erfahrungen mit den Vereinbarungen darzustellen.

Karteikarte (M 4.7-1)

Konfliktthermometer

- ☐ Entlang einem Seil auf dem Boden (alternativ: Kreidestrich) werden im Abstand von jeweils 3-4 Metern drei Schilder platziert mit den folgenden Aufschriften:
  - Schild 1: Ja, das ist ein Konflikt.
  - Schild 2: Nein, das ist kein Konflikt.
  - Schild 3: Weiß ich nicht.
- ☐ Lehrer/in gibt Hinweis: „Du siehst auf dem Boden ein ‚Konfliktthermometer'. Ich lese dir nun verschiedene Äußerungen vor (siehe Karteikarte 4.7-2). Stelle dich spontan an die Stelle des Thermometers, an der du diese Äußerung ansiedeln würdest/die du für diese Äußerung passend findest."
- ☐ Die Lehrkraft fragt nach der „Standpunkt-Einnahme" die Schüler, was sie zu ihrer Einschätzung bewogen hat.
- ☐ Diese Übung dient dazu, sich die eigene Position im Vergleich zu anderen zu vergegenwärtigen. So kann beispielsweise deutlich werden, dass man selbst etwas als Konflikt wahrnimmt, was eine andere Person nicht als konflikthaft erlebt.

Karteikarte (M 4.7-2)

Beispiele zum Vorlesen

(Namen austauschen, falls es entsprechende Schüler in der Klasse gibt.)

- ☐ Florian stottert. Max lacht ihn immer aus.
- ☐ Beim Billardspiel will Lisa unbedingt gewinnen.
- ☐ An der Supermarktkasse drängelt sich jemand vor.
- ☐ Michael mag Popmusik. Sein Bruder Dieter bevorzugt klassische Musik. Beide haben ein gemeinsames Zimmer.
- ☐ Bei der Erarbeitung eines Gruppenreferates legt sich Johannes besonders ins Zeug.
- ☐ Die eine Hälfte der Klasse möchte anlässlich der Klassenfahrt ans Meer, die andere Hälfte will in eine Großstadt.
- ☐ Du bist zu einem Fest nicht eingeladen.
- ☐ Peter macht stets seine Hausaufgaben und arbeitet im Unterricht gut mit.
- ☐ Ein Freund hat deine CD verloren.
- ☐ Susanne demoliert ein Fahrrad ihrer Klassenkameradin Martha, weil sie sich über diese geärgert hat.
- ☐ Thomas teilt seinem Freund mit, dass seine Freundin mit ihm Schluss gemacht hat.
- ☐ Mark liest vor der Klasse einen Liebesbrief eines anderen Schülers vor.
- ☐ Janina trägt am liebsten Röcke. Kathrin bevorzugt Hosen.

M 4.8

MATERIALBOGEN

Kopiervorlage (M 4.8)

Das unterschreibe ich

Auf dem Pausenhof gibt es schon wieder heftig Streit zwischen einer Schülerin und einem Schüler aus der achten Klasse. Die beiden beschimpfen sich. Fast sieht es so aus, als würden sie gleich handgreiflich. Als die Pause zu Ende geht, hört man verschiedene Bemerkungen anderer Schülerinnen und Schüler.

- ☐ Lies die unten stehenden Bemerkungen.
- ☐ Welche Bemerkung findest du passend? Unterschreibe sie!
- ☐ Sammle zu den Aussagen Unterschriften von deinen Mitschülerinnen und Mitschülern. Versuche mindestens zehn Unterschriften zusammenzubekommen. Derselbe Name darf auf deinem Blatt nur einmal erscheinen. Jede/r unterschreibt das, was er bzw. sie am ehesten für richtig hält.
- ☐ Sprecht in der Klasse über die verschiedenen Sichtweisen. Welche Sichtweisen machen es deiner Meinung nach leichter/schwerer miteinander auszukommen?

Diese Bemerkungen waren zu hören:

„Pech gehabt! Da kann man nichts machen!"

„Die zwei sollen sich doch abregen."

„Hier ist ja mal wieder richtig was los."

„Eigentlich müsste mal jemand mit den beiden reden."

Kopiervorlage (M 4.9)

Gefühlen auf die Spur kommen*

M 4.9

Bei fast allem, was wir tun, sind auch Gefühle dabei. Bei manchen Gefühlen ist uns behaglich zumute, bei anderen wird uns mulmig. Vervollständige die folgenden Sätze, um deinen Gefühlen auf die Spur zu kommen.

Am meisten ärgert es mich, wenn ______________________________

Traurig bin ich, wenn ______________________________

Ich freue mich riesig, wenn ______________________________

Als ______________________________*, war ich völlig überrascht.*

Angst spüre ich, wenn ______________________________

Fröhlich bin ich, wenn ______________________________

Ich werde wütend, wenn ______________________________

Ich bin stolz darauf, dass ______________________________

Ich bin neidisch, wenn ______________________________

Ich fühle mich unsicher, wenn ______________________________

Ich fühle mich mutig, wenn ______________________________

Schüchtern werde ich, wenn ______________________________

Ich bin aufgeregt, wenn ______________________________

Ich fühle mich hilflos, wenn ______________________________

Ich bin enttäuscht, wenn ______________________________

Ich bin begeistert, wenn ______________________________

Ich hasse es, wenn ______________________________

Sicherlich magst du nicht über alles sprechen. Das ist auch dein gutes Recht.

Aber manchmal lernt man seine eigenen Gefühle besser kennen, wenn man sie mit denen von anderen vergleicht.

Vorschlag: Einigt euch in einer Gruppe (zu dritt, zu viert), über welche Gefühle ihr miteinander sprechen wollt (zum Beispiel: Ich bin stolz darauf, dass ...).

* In Anlehnung an: Akin, T. u.a. (2000): Selbstvertrauen und soziale Kompetenz. Mülheim an der Ruhr.

MATERIALBOGEN

M 4.10

MATERIALBOGEN

Kopiervorlage (M 4.10)

Gut zuhören – das kann man zeigen

Du hast ein Rollenspiel gesehen.
In der gespielten Szene hat jemand nicht gut zugehört.
Überlege zusammen mit deinem Nachbarn und notiere!

1. Woran konnte man merken, dass die betreffende Person nicht zugehört hat?

____

____

____

2. Wie hätte die betreffende Person zeigen können, dass sie gut zuhört?

____

____

____

Eine Übung zu zweit:

- ☐ Überlege dir, was du deinem Nachbarn/deiner Nachbarin etwa drei Minuten lang erzählen könntest.
- ☐ Erzähle das deinem Partner/deiner Partnerin.
- ☐ Dein/e Partner/in hat zunächst nur die Aufgabe, dir gut zuzuhören.
- ☐ Nachdem du erzählt hast:
  - Hattest du den Eindruck, dass dein/e Partner/in dir aufmerksam zugehört hat?
  - Woran konntest du das erkennen?
- ☐ Jetzt umgekehrt: Dein/e Partner/in erzählt, du hörst zu.
- ☐ Welche Merkmale für gutes Zuhören sind euch aufgefallen? Schreibe drei Merkmale auf.

____

____

____

Kopiervorlage (M 4.11)

Zuhören ist gut – nachfragen ist manchmal besser

M 4.11

Zwei Mitschüler/innen haben euch einen Streit vorgespielt. Woran erinnerst du dich?
Notiere zehn Stichworte. Bitte vorher nicht darüber sprechen.

Nun setzt euch in Dreiergruppen zusammen. Vergleicht eure Stichworte miteinander.
Wie viele Übereinstimmungen hast du jeweils mit den beiden anderen?

Wahrscheinlich habt ihr euch Unterschiedliches von dem vorgespielten Streit gemerkt.
So ist es häufig, auch beim Erzählen und Zuhören. Eine/r erzählt etwas und meint, alles Wichtige gesagt zu haben. Aber der Zuhörer hat sich andere Dinge gemerkt als der Erzähler eigentlich für wichtig hielt. Auch so entstehen Missverständnisse. Manchmal hilft es, lieber noch einmal nachzufragen ...

... dazu eine Übung zu dritt:

1. Einer ist Zuhörer, einer Erzähler, einer Beobachter.

2. Der Erzähler berichtet von einem seiner letzten Streites (etwa 1 Minute).

3. Der Zuhörer soll möglichst genau nacherzählen. Dabei kann er/sie nachfragen:
Ich weiß nicht mehr genau, ob ...; Ich kann mich nicht erinnern, bitte ...;
Bitte wiederhole noch einmal

4. Der Zuhörer berichtet:
Ich erinnere mich an ...; Du hast erzählt, dass ...; Ich habe gehört, dass ...

5. Der Beobachter achtet auf die Einhaltung der Zeit und schreibt in Stichpunkten mit:
- Was wurde erzählt?
- Was wurde vom Zuhörer berichtet?

6. Nun tauscht die Rollen in eurer Gruppe.

MATERIALBOGEN

B 5

BAUSTEINE

Baustein 5:

„Du sollst mir in die Augen schauen, wenn ich mit dir rede." - Türöffner und Stolpersteine im Umgang mit türkischen Jugendlichen

Thema:

Balance zwischen kulturell unterschiedlichen Erziehungswelten finden

Intention:

Vermeiden von Missverständnissen durch Hintergrundinformationen über spezifische kulturelle Gewohnheiten

Fachbezug:

alle Fächer

Materialien/Medien:

M 5.1 - Karteikarte: Türkischen Jugendlichen kompetent begegnen

M 5.2 - Karteikarten: Türöffner für die Kooperation mit türkischen Eltern (1 und 2)

M 5.3 - Karteikarten: Stolpersteine für die Kooperation mit türkischen Eltern (1 und 2)

Bezug zu anderen Bausteinen:

Falls Unterstützung durch Kolleginnen und Kollegen erwünscht, Baustein 10

Zeitrahmen:

nach Bedarf

Problemfeld:

Am Ende der Deutschstunde in Klasse 7 fordert die Lehrerin Mehmet auf, noch kurz zu bleiben. Er hatte zum wiederholten Male seine Hausaufgaben nicht sorgfältig genug erledigt. Die Lehrerin bemüht sich ihm klarzumachen, warum auch ihm die Übungsaufgaben helfen würden. Doch Mehmet scheint das alles nicht zu interessieren. Er schaut die ganze Zeit weg, die Lehrerin fühlt sich von ihm ignoriert. „Guck mich an, wenn ich mit dir rede ...", sagt sie leicht verärgert. Daraufhin wendet sich der Jugendliche brüsk ab und verlässt den Raum. „Lassen Sie mich doch bloß in Ruhe ..."

Während die Lehrerin Mehmets Wegschauen als Ausdruck von Ignoranz und Desinteresse interpretiert, brachte der türkische Junge zum Ausdruck, was er in seiner Herkunftskultur gelernt hat: Direkter Augenkontakt bedeutet gleiche Augenhöhe und wird von türkischen Eltern als Aufsässigkeit und Herausforderung interpretiert.

Unterschiedliche kulturelle Gepflogenheiten erschweren die Verständigung.[1] Alle Beteiligten können durch Missverständnisse in Konflikte verstrickt werden, deren Ursachen ihnen verborgen bleiben und die somit auch keine befriedigende Lösung finden.

Tatsächlich klagen Lehrerinnen und Lehrer mitunter darüber, im Umgang mit türkischen Jugendlichen verunsichert und hilflos zu sein. Dabei kann aus dem Blickfeld geraten, dass umgekehrt auch die türkischen Jugendlichen mit manchen deutschen Gepflogenheiten schwer zurechtkommen. Wenn beide Seiten zu wenig voneinander wissen, droht immer auch die Gefahr einer Zuspitzung. So nutzen zum Beispiel manche Jugendliche eine unbedachte Aussage von Lehrkräften aus, um ihnen Ausländerfeindlichkeit vorzuwerfen.

Ziele:

- Einige kulturspezifische Deutungsmuster türkischer Jugendlicher im Umgang mit Lehrerinnen und Lehrern kennenlernen
- Missverständnissen und ungewollten Konflikten zwischen Lehrkräften und türkischen Jugendlichen vorbeugen
- Voraussetzungen für einen verständigeren Umgang mit türkischen Jugendlichen schaffen

Handlungsanregungen für ausgewählte Konfliktfelder

Im Folgenden werden einige typische Situationen genannt, in denen die türkischen Jugendlichen und ihre Lehrkräfte mit unterschiedlichen Vorstellungen und Deutungsmustern aufeinandertreffen. Die Beschreibung der Situationen betrifft beide Geschlechter, wenn keine expliziten Unterscheidungen zwischen Mädchen und Jungen gemacht werden.

Die Konfliktfelder ergeben sich aus dem Zusammentreffen unterschiedlicher kultureller Gewohnheiten und Vorstellungen über den sozialen Umgang. Die Anregungen sollen es Ihnen erleichtern, mit den Jugendlichen einen für beide Seiten annehmbaren Weg zwischen Anerkennung unterschiedlicher Traditionen und eigener Identität zu finden – und zu gehen. Dafür brauchen Sie auch das Gespräch mit den Eltern. Dazu finden Sie Hinweise am Ende des Bausteins (M 5.2, M 5.3, S. 75-76)

Konfliktfeld: Rigidität und Liberalität — Material 5.1, S. 75

Türkische Jugendliche sind von Haus aus einen eher rigiden Erziehungsstil gewöhnt.[2] Verlangt wird, loyal und gehorsam gegenüber den Erwachsenen und Erziehungsberechtigten zu sein und deren Anforderungen ohne Widerrede und Aushandlungsalternativen umzusetzen.

An deutschen Schulen herrscht aus Sicht der Jugendlichen und deren Eltern eine eher „liberale" Linie. Diesen Balanceakt können viele Jugendliche zwar recht gut bewältigen, aber das gelingt nicht allen; vor allem Jungen fällt dies mitunter schwer. Sie werden von der eher offenen Haltung „deutscher" Lehrerinnen und Lehrer verunsichert, zum Beispiel, wenn Fehlverhalten nicht unmittelbar und spürbar bestraft wird. Manche Jugendliche nutzen die liberale Haltung der Pädagogen aber auch gezielt aus, sind übertrieben auffällig, versuchen redegewandt Autorität zu untergraben und sind dabei durchaus auch unfreundlich.

B 5

BAUSTEINE

Wie reagieren?

- Egal ob Mädchen oder Junge, den türkischen (Kindern und) Jugendlichen müssen unmittelbar Grenzen gesetzt werden, sonst neigen vor allem die Jungen dazu, ihr normverletzendes Verhalten auszuweiten.
- Klare und deutliche Sprache verwenden, aber keine bewertenden Aussagen, wie „Zu Hause verhältst du dich auch nicht so!“; „Macht man das auch in der Türkei?“
- Alle Jugendlichen gleich behandeln, weil eine ungleiche Behandlung als Ausländerfeindlichkeit ausgelegt werden kann.
- Erklären, dass man in der Schule in angemessener Form mit den Lehrerinnen und Lehrern diskutieren kann.
- Erläutern, dass Respekt nicht gleichzusetzen ist mit Unterordnung, sondern bedeutet, sachlich und höflich miteinander umzugehen.

(siehe auch Karteikarte M 5.1, S. 75)

Konfliktfeld: Nonverbale Botschaften am Beispiel Augenkontakt

Auch in Interaktionen zwischen Lehrkräften und Schülern spielt Körpersprache eine Rolle. Eingangs wurde ein verbreiteter Anlass für Missverständnisse angesprochen, der Augenkontakt. Im deutschen Erziehungsalltag wird der Augenkontakt gefördert, er gilt als Ausdruck von Offenheit, Zugewandtheit und signalisiert Interesse am Gegenüber. Im Alltag türkischer Kinder und Jugendlicher ist das häufig anders. Von ihnen wird erwartet, sich zu fügen, ihre Blicke nach unten zu richten und den Erziehungsberechtigten nicht direkt in die Augen zu schauen.

Wie reagieren?

- Daran denken, dass der Jugendliche nicht Respektlosigkeit zeigt, sondern den direkten Augenkontakt eher aus Respekt vor der Autorität meidet.
- Aussagen wie „Schau mich an, wenn ich mit dir rede!“ oder „Warum schaust du weg, wenn ich mit dir rede?“ wirken kontraproduktiv.
- Den Jugendlichen den Unterschied zwischen der türkischen und der deutschen Umgangsweise mit Blickkontakten erläutern; ihnen darlegen, dass beide Gewohnheiten je nach Situation angemessen sein können.
- Jugendliche den Blickkontakt üben lassen, zum Beispiel mit einem Rollenspiel aus dem Schulalltag: Jugendlicher muss sich mit einer Lehrkraft wegen einer Verfehlung auseinandersetzen, Kritik entgegennehmen und sein Verhalten begründen.

Konfliktfeld: Verhalten von Jungen gegenüber weiblichen Lehrkräften

Material 5.1, S. 75

Bereits im Vorschulalter ist das Verhältnis von türkischen Jungen zur Mutter zwiespältig. Es ist noch von körperlicher Zärtlichkeit geprägt, aber schon bahnt sich Distanz zu dieser Art von Körperlichkeit an. Diese ambivalente Haltung spiegelt sich auch gegenüber der Autorität der Mutter wider. Sie stellt zwar Anforderungen an ihn, aber wenn er sich verweigert, geschieht außer einem Tadel nichts. Dies verunsichert die Jungen hinsichtlich der Autorität seiner weiblichen Bezugspersonen und begünstigt Provokationen. Es sei hinzugefügt, dass Jungen im Extremfall auf ihre Mutter einschlagen, sie treten und boxen können, ohne mit ernsthafter Bestrafung rechnen zu müssen. Allenfalls werden sie ermahnt.

Türkischen Mädchen ergeht es anders. Von ihnen wird erwartet, den Aufforderungen der Mutter zu Hilfsdiensten zu folgen. Die Autorität der Mutter ist unangreifbar; die Mutter bestraft das Mädchen, wenn es nicht gehorcht.

Die Autorität des Vaters bleibt unangetastet, seinen Aufforderungen müssen beide Geschlechter ohne Widerrede nachkommen. Bei Konflikten zwischen Mutter und Tochter schaltet sich der Vater oft ein, indem er den Konflikt durch einen lauten Befehl beendet. Nicht selten droht die Mutter dem Mädchen mit dem Vater.

So lernen Jungen in traditionellen türkischen Familien, den weiblichen Bezugspersonen zu widersprechen und deren Aufforderungen nicht nachzukommen. Das kann sich auch auf den Umgang der türkischen Jungen mit Lehrerinnen auswirken.

Wie reagieren?

- Den Kindern und Jugendlichen als Fachfrau mit Kompetenz und Autorität entgegentreten; klarmachen, dass Sie als Lehrerin die Spielregeln definieren.
- Überspitzten Aussagen von Jungen wie „Bei uns zu Hause haben die Männer das Sagen, nicht die Frauen" begegnen mit „Wir sind aber in der Schule und hier habe ich das Sagen".
- Appelle an das Weiblichkeitsverständnis der Jugendlichen vermeiden wie zum Beispiel: „Behandelst du Frauen immer so?"; „Ich könnte doch deine Mutter sein!"
- Pauschalisierende Zuschreibungen wie „Bei euch Türken ist alles anders, aber wir sind in Deutschland" vermeiden. Sie führen leicht zum Streit über die „bessere" oder die „schlechtere" Kultur.

(siehe auch Karteikarte M 5.1, S. 75)

Konfliktfeld: Männliche Nachgiebigkeit – eine Schwäche?

Türkische Mädchen werden traditionellerweise dazu erzogen, nachgiebig, schamhaft und zurückhaltend zu sein, Jungen sollen möglichst Virilität, Stärke und Unnachgiebigkeit verkörpern.

Türkische Kinder können es daher Lehrern leicht als Schwäche auslegen, wenn diese Lösungen über Diskussionen und Konsens suchen. Die Lehrer scheinen nicht in der Lage zu sein, Entscheidungen zu treffen. Darüber hinaus erwarten türkische Eltern von pädagogischen Fachkräften, vor allem von Lehrern, Durchsetzungsvermögen bis hin zur Rigidität. Vor allem wenn männliche Lehrkräfte in Konfliktfällen mit türkischen Kindern und Jugendlichen nachgeben, wird das als mangelnde Standhaftigkeit und damit als Schwäche ausgelegt.

Wie reagieren?

Eine einfache Lösung gibt es auch hier nicht. Scheinbar bequemer für den Lehrer ist es, standhaft zu bleiben und den traditionellen Erwartungen an die Männerrolle zu entsprechen. Dann haben aber die Kinder und Jugendlichen kaum eine Chance zu lernen, dass Männer auch abweichend von traditionellen Mustern erfolgreich handeln können.

Schwieriger ist der zweite Weg. Der Lehrer kann in Konflikten oder Interaktionen bewusst nachgeben, um den Kindern zu zeigen, dass deren Zuschreibungen nicht für alle Männer gelten müssen. Auch Männer können in einem Konfliktfall nachgeben und trotzdem eine gefestigte Persönlichkeit sein. Dieser Weg ist beschwerlicher, weil die Kinder und Jugendlichen die gelernten tradierten Werte nicht von heute auf morgen abstreifen können und überzeugt werden müssen.

Konfliktfeld: Nur ein Studium zählt?

Material 5.2, 5.3, S. 75-76

Will man die Wünsche und Erwartungen türkischer Eltern im Hinblick auf Bildungsabschlüsse ihrer Kinder verstehen, muss man die wesentlichen Unterschiede zwischen deutscher und türkischer Schullaufbahn berücksichtigen.

Im Gegensatz zum deutschen Schulsystem wird im türkischen System so gut wie gar nicht selektiert. Jeder Schüler bekommt die Gelegenheit, das Abitur zu erwerben, ohne zu überprüfen, ob er dafür geeignet ist. Die Folge: Viele junge Erwachsene erwerben zwar das Abitur, werden aber nicht zum Studium zugelassen. Weil nur wenige junge Menschen studieren dürfen, hat das Studium einen sehr hohen Stellenwert.

Zudem kennt das türkische Bildungssystem das hier bekannte duale Ausbildungssystem nicht. Handwerkliche Berufe werden unter Anleitung eines Meisters in den Betrieben erlernt, die Begleitung durch eine Berufsschule fehlt.

Von der Aufnahme eines Studiums erhoffen sich Eltern für ihre Kinder vor allem ein erhöhtes Prestige in der Gesellschaft, sozialen Aufstieg, befriedigende Arbeitsbedingungen, gute Verdienstmöglichkeiten.

Diese Vorstellungen aus ihrem Heimatland übertragen manche Eltern auch auf Deutschland. Sie wünschen sich, dass ihr Kind studiert, manchmal auch dann, wenn diese Erwartung angesichts des realen Bildungsverlaufs eher unrealistisch ist.

Wie reagieren?

- Auf keinen Fall die unrealistisch erscheinenden Berufswünsche türkischer Jugendlicher abwerten. Ihre Berufswünsche sind keine individuelle Entscheidung, sondern werden von den Eltern festgelegt.
- Eltern erläutern, welche Möglichkeiten die verschiedenen Schularten bieten; im Bedarfsfall auch „Dolmetscher" hinzuziehen. Vielen Eltern, auch der zweiten und dritten Generation, ist zum Beispiel der Unterschied zwischen einer Hauptschule und einem Gymnasium nicht bewusst.
- Darlegen, welche Möglichkeiten es nach einer abgeschlossenen Berufsausbildung gibt, über den zweiten Bildungsweg zum Studium zu gelangen.
- Den Stellenwert einer Lehre deutlich machen und dabei auch die finanziellen Chancen ansprechen.

(siehe auch Karteikarten M 5.2 [1 und 2] S. 75 - 76)

Anmerkungen

1 Anmerkung der Herausgeber: Verständigungsschwierigkeiten treten zwischen und in allen Kulturen auf. Wir haben uns hier auf den Umgang mit türkischen Jugendlichen beschränkt. Zum einen sind die türkischen Bürger die größte Migrantengruppe an deutschen Schulen. Zum anderen kann man in einer Handreichung bei weitem nicht allen wichtigen Migrantengruppen gerecht werden. Schließlich spielte auch eine Rolle, dass mit dem Autor Ahment Toprak ein ausgewiesener Spezialist für das Leben mit und in beiden Kulturen gefunden werden konnte.

2 Siehe z.B.: Alamdar-Niemann, M. (1992): Türkische Jugendliche im Eingliederungsprozess. Hamburg
Merkens, H. (1997): Familiale Erziehung und Sozialisation türkischer Kinder in Deutschland. In: Merkens, H. & Schmidt, F. (Hrsg.): Sozialisation und Erziehung in ausländischen Familien in Deutschland. Baltmannsweiler
Toprak, A. (2002): „Auf Gottes Befehl und mit dem Worte des Propheten ..." Auswirkungen des Erziehungsstils auf die Partnerwahl und die Eheschließung türkischer Migranten der zweiten Generation in Deutschland. Herbolzheim

Karteikarte (M 5.1)

Türkischen Jugendlichen kompetent begegnen

- ☐ **Regie übernehmen – Chef bzw. Chefin bleiben**
- ☐ **Klare Grenzen setzen, Konsequenzen aufzeigen**
- ☐ **Den Kontext Schule mit seinen Verhaltensregeln benennen**
- ☐ **Anregungen für Klassengespräche**
- ☐ **Ich-Botschaften einüben (Blickkontakt trainieren). Unterschiedliche Erziehungswelten wertschätzend diskutieren**

Karteikarte (M 5.2-1)

Türöffner für die Kooperation mit türkischen Eltern (1)

Positives Feedback geben
Bedanken Sie sich für das Kommen.
Erkundigen Sie sich nach der Befindlichkeit.
Sagen Sie etwas Erfreuliches über das Kind ...

Regeln klar formulieren
Formulieren Sie Regeln klar und verständlich.
Benennen Sie auch die Konsequenzen bei Nichteinhaltung von Regeln. Betonen Sie, dass Sie sich ebenfalls an die Regeln halten werden, wie z.B. an die Schweigepflicht.

Beide Elternteile einbeziehen
Wenn nur ein Elternteil aktiv ist, sich mit gezielten Fragen an den passiven Elternteil wenden.

M 5.2-2

M 5.3-1

MATERIALBOGEN

Karteikarte (M 5.2-2)

Türöffner für die Kooperation mit türkischen Eltern (2)

Kompetenzen und Interessen der Eltern anerkennen
Die Eltern suchen die Schule auf und wollen sich helfen lassen. Sie zeigen damit eine soziale Kompetenz, die Anerkennung verdient. Auch wenn die Eltern aus Ihrer Sicht Defizite im Erziehungsverhalten haben, sollten Sie die Kompetenzen und Interessen der Eltern hervorheben. Professionelle Hilfe von außen einholen kann in türkischen Kreisen als Schwäche der Familie angesehen werden.

Gemeinsames Interesse am Wohl des Kindes hervorheben
Betonen Sie, dass Sie gemeinsam dem Kind helfen wollen. Fragen Sie, wie die Eltern das Problem sehen. Erkundigen Sie sich, wie sich das Kind zu Hause verhält. Fragen Sie nach den Lösungsvorschlägen der Eltern und besprechen Sie mit ihnen, ob sie realisierbar sind.

Praktische Anwendbarkeit Ihrer Lösungsvorschläge besprechen
Klären Sie mit den Eltern, ob Ihre Lösungsvorschläge auch in den Alltag der Familie passen. Beachten Sie die Rollenverteilung in der Familie. Versuchen Sie, Probleme und Lösungen auch aus dieser Perspektive zu sehen.

Karteikarte (M 5.3-1)

Stolpersteine für die Kooperation mit türkischen Eltern (1)

Direkt mit dem Problem beginnen
Kommen Sie nicht gleich am Anfang des Gespräches auf den Grund des Gespräches. Im türkischen Milieu werden Kritikpunkte und negative Sachverhalte eher beiläufig und blumig, mit viel Vorlob und positivem Feedback, formuliert.
Wenn Sie mit dem Problem beginnen, wird das als Konfrontation erlebt.

Schuldzuweisung
Schuldzuweisung in Erziehungsfragen wird als persönlicher Angriff und als Vorwurf der Inkompetenz interpretiert. Gegenüber Kritik an der eigenen Person und den eigenen Fähigkeiten sind die türkischen Migranten besonders empfindlich. Die meisten Eltern haben das Gefühl, besonders in der Migration, gut funktionieren zu müssen und intakte Familienverhältnisse nach außen zu repräsentieren.

Während des Gespräches das Verhalten des anwesenden Kindes kritisieren
Wenn Sie während eines Beratungsgespräches das Verhalten des Kindes tadeln, interpretieren die Eltern dies als Kritik an der eigenen Person. Die Kritik am Kind signalisiert ihnen, momentan zu versagen und ihrem Kind nicht beibringen zu können, wie man sich richtig verhält.

Karteikarte (M 5.3-2)

M 5.3-2

Stolpersteine für die Kooperation mit türkischen Eltern (2)

Vorurteile ins Spiel bringen

Vorurteile wie „Die türkischen Väter sind autoritär", „Die Mädchen werden unterdrückt" oder „Türkische Jungen werden wie Paschas behandelt", erschweren die Arbeit mit Eltern sehr. Sie werden als Kritik und Schuldzuweisung interpretiert und als nicht repräsentative Einzelfälle wahrgenommen, von denen man selbst nicht betroffen ist.

Vergleichen

Vergleiche mit anderen türkischen Eltern sind kontraproduktiv, weil die Eltern als Individuen wahrgenommen werden wollen. Eine Maßnahme, die bei einer türkischen Familie oder bei einem türkischen Jugendlichen wirksam war, muss nicht bei allen anderen Familien oder Jugendlichen ebenso wirksam sein.

Werte und Normen der Eltern infrage stellen

Wenn Sie die Werte und Normen der Eltern infrage stellen, empfinden dies die Eltern als Abwertung.

B 6

BAUSTEINE

Baustein 6:

„Jeder ist anders und Hindernisse gibt es überall." Umgang mit unterschiedlichen persönlichen Fähigkeiten und Grenzen

Thema:

Ausgewählte Ursachen und Auswirkungen von Behinderungen

Intention:

Achtsamen Umgang mit Behinderungen fördern durch Information, durch Reflexion sowie durch Kontakt- und Simulationsübungen

Fachbezug:

alle Lehrerinnen und Lehrer

Materialien/Medien:

M 6.1 - Karteikarte: Selbsterfahrung unter der Augenbinde

M 6.2 - Karteikarte: Selbsterfahrung mit Hörschutz, im Rollstuhl; Kommunikation unter erschwerten Bedingungen

M 6.3 - Karteikarte: Kooperation mit einer Klasse aus dem Förderschulbereich; Projekttag oder Projektwoche

M 6.4 - Information für Lehrkräfte: Prä-, peri- und postnatale Risikofaktoren für geistige Behinderungen

M 6.5 - Information für Lehrkräfte: Autismus (1 und 2)

M 6.6 - Information für Lehrkräfte: Downsyndrom

M 6.7 - Information für Lehrkräfte: Epilepsie (1 und 2)

M 6.8 - Information für Lehrkräfte: Aufmerksamkeitsdefizit-Syndrom (ADS); Aufmerksamkeitsdefizit-/Hyperaktivitäts-Störung (ADHS)

Bezug zu anderen Bausteinen:

Baustein 2

Zeitrahmen:

nach Bedarf

Problemfeld:

„Ich wünsche mir, dass behinderte Menschen nie mehr ausgelacht oder benachteiligt werden“, äußert Bobby Brederlow, im Jahre 1999 ausgezeichnet mit dem ersten Medienpreis der Bundesvereinigung für Menschen mit geistiger Behinderung e.V. für seine Hauptrolle im ARD-Vierteiler „Liebe und weitere Katastrophen.“[1]

Das Wissen über und die persönliche Erfahrung im Umgang mit einer Behinderung sind wichtige Voraussetzungen für ein gemeinsames, von Respekt und Akzeptanz geprägtes Lernen und Zusammenleben. Allerdings ist der Umgang zwischen Menschen mit und ohne Behinderung oftmals von Unsicherheit und Missverständnissen gekennzeichnet.

„Behinderung“ bezieht sich im Alltagssprachgebrauch auf Situationen, in denen jemand aufgehalten wird und im Vergleich zu einem als üblich erwarteten Verhalten eingeschränkt ist oder wirkt. Die Behinderung wird oft nur auf Eigenschaften der Person zurückgeführt. Dabei wird übersehen, dass die Behinderung auch von den Anforderungen abhängt, die eine Gesellschaft an ihre Mitglieder stellt. Gesetzlich wurde der Begriff bedeutungsvoll, seit die Hilfe und Betreuung der als behindert bezeichneten Menschen als Aufgabe der Gesellschaft anerkannt wurde. Im Sozialgesetzbuch heißt es dazu:

„Menschen sind behindert, wenn ihre körperliche Funktion, geistige Fähigkeit oder seelische Gesundheit mit hoher Wahrscheinlichkeit länger als sechs Monate von dem für das Lebensalter typischen Zustand abweichen und daher ihre Teilhabe am Leben in der Gesellschaft beeinträchtigt ist.“[2]

Dabei sind drei Ebenen relevant[3]:

- Die objektive Ebene versucht, das Ausmaß der Beeinträchtigung bei der Lebensbewältigung zu ermessen.
- Eine weitere Ebene betrifft das Ausmaß der möglichen Beziehungsstörung, die durch die Behinderung zwischen dem Menschen mit Behinderung und seinen Mitmenschen auftreten könnte.
- Die dritte, subjektive Ebene berücksichtigt, wie und inwieweit ein Betroffener sich selbst als behindert erlebt.

Behinderungen lassen sich grob einteilen in:

- körperliche Behinderung
- Sinnesbehinderung (Blindheit, Sehbehinderung, Gehörlosigkeit, Schwerhörigkeit, Taubblindheit)
- Sprachbehinderung
- psychische (seelische) Behinderung
- Lernbehinderung
- geistige Behinderung

Insbesondere seelische Behinderungen, die durch das Kinder- und Jugendhilfegesetz im Achten Buch des Sozialgesetzbuches dokumentiert sind, lassen sich nicht immer eindeutig von psychischen Auffälligkeiten abgrenzen. So bringen zum Beispiel Entwicklungsstörungen von schulischen Fertigkeiten (Lesen, Schreiben, Rechnen) und der Sprache, Aufmerksamkeits- und Hyperaktivitäts-Störungen (ADS/ADHS) sowie chronische Krankheitsbilder wie z.B. Diabetes, Epilepsie Beeinträchtigungen von Kindern und Jugendlichen mit sich. Die daraus resultierenden Gefährdungen der psychosozialen Integration und Entwicklung können zu einer seelischen Behinderung führen.

Behinderungen entstehen in einem Prozess, an dem verschiedene Faktoren beteiligt sind. Sie beruhen meist auf Schädigungen, die unterschiedliche Bereiche betreffen, zu unterschiedlichen Zeiten auftreten und unterschiedliche Ursachen haben können (siehe die Beispiele „Information für Lehrkräfte", Material 6.4 – 6.8, S. 84-90). Mögliche funktionale Beeinträchtigungen, wie z.B. Einschränkungen im Bereich der Motorik, der Wahrnehmung, der Kognition und der Kommunikation, erschweren oder verhindern es, gesellschaftliche Normen und Erwartungen zu erfüllen. Dies kann zu sozialen Beeinträchtigungen führen. Die Teilnahme am öffentlichen und kulturellen Leben ist erschwert.

Somit ist Behinderung nicht nur auf eine Schädigung oder Leistungsminderung des einzelnen Menschen zurückzuführen, sondern auch auf die nicht zureichende Integrationsfähigkeit des sozialen Umfeldes.[4] Ein wenig zugespitzt: Behindert ist man nicht nur, behindert wird man auch.

Lange Zeit wurden Menschen mit Behinderung überwiegend in dafür spezialisierten Einrichtungen wie Sonderschulen, Werkstätten für Menschen mit Behinderung und Heimen gefördert. Inzwischen gibt es verschiedene Bemühungen, Menschen mit Behinderungen in Kindergarten, Schule und Berufswelt zu integrieren, zum Beispiel in integrativen Regelklassen, in sogenannten „kooperativen Integrationsklassen", in Außenklassen oder durch Einzelintegration.

Bei nicht behinderten Menschen führt das Erleben von Behinderung jedoch mitunter zu Unsicherheiten. Daher sollte man bereits in der Schule damit beginnen, Verständnis für Behinderungen zu entwickeln und Formen der Interaktion erfahrbar zu machen, die Einfühlsamkeit und Respekt zum Ausdruck bringen. Angesichts der Vielfalt von geistigen, körperlichen, psychischen und sozialen Behinderungen (siehe zum Beispiel „Information für Lehrkräfte", Material 6.4 – 6.8, S. 84-90) können die folgenden Vorschläge nur als ausgewählte Anregungen verstanden werden.

Wissen über die Ursachen und Auswirkungen von Schädigungen und Behinderungen führt zu mehr Sicherheit im Umgang und kann Ihnen helfen, Schülerfragen zu beantworten. Das Material 6.4 - 6.8 ist als Einstiegsinformation für Lehrkräfte gedacht. Für vertiefende Informationen muss spezialisierte Fachliteratur herangezogen werden.[5]

Ziele:

- Wissen über Ursachen und Auswirkungen von Schädigungen und Behinderungen grundlegen
- Verunsicherungen und Ängsten durch Kontakt mit Menschen mit Behinderung entgegenwirken
- Einfühlen in Behinderung über Rollenspiele und Simulationserfahrungen

Selbsterfahrung — Material 6.1, 6.2, S. 82

Da die Einfühlung in die Welt eines Menschen mit Behinderung schwerfällt, sollten Möglichkeiten der Selbsterfahrung genutzt werden (Materialien 6.1, 6.2):

- unter der Augenbinde
- mit Hörschutz
- im Rollstuhl
- Kommunikation unter erschwerten Bedingungen

B 6

Begegnung

Material 6.3, S. 83

Der Kontakt mit Kindern und Jugendlichen mit Behinderung trägt dazu bei, Verunsicherungen und Ängsten entgegenzuwirken. Dabei ist nicht die Häufigkeit des Kontaktes entscheidend, sondern Intensität und emotionale Offenheit. Einige Vorschläge:

- Kooperation mit einer Klasse aus dem Förderschulbereich (Material 6.3, S. 83).
- Besuch und Kennenlernen einer Einrichtung für Menschen mit Behinderung
- Projekttag oder Projektwoche zum Themenbereich „Behinderung" (Material 6.3, S. 83).

Nachdenken

Damit Selbsterfahrung und Begegnung Achtsamkeit und Anerkennung fördern, sollten die Erfahrungen gemeinsam besprochen und reflektiert werden, zum Beispiel in einem Stuhlkreis in der Klasse. Folgende Fragen geben Reflexionsanstöße:

- Wie unterscheidet sich das Leben der Behinderten von meinem?
- Was hat mich beeindruckt?
- Warum hatte ich Schwierigkeiten, mich einzufühlen und die Welt der Behinderten zu verstehen? Was hat mir dabei geholfen?
- Was können Behinderte besser als ich?
- Ein Augenblick, den ich nicht vergessen werde.

Den Abschluss dieses Projekts kann ein „Blitzlicht" bilden, wie es in der Erwachsenenbildung üblich ist. Jeder Schüler sagt der Reihe nach wenige Sätze zum Thema: „Was war für mich an diesem Projekt wichtig?"

Medienhinweise

Literatur zum gemeinsamen Lesen in der Klasse

- Die Welt des Nigel Hunt (2000): 5. Auflage, München (Tagebuch eines Jungen mit Downsyndrom).
- Heinen, G. (1996): Bei Tim wird alles anders. Berlin (Orientierungshilfe für Kinder und Jugendliche mit und ohne Epilepsie).
- Randsborg-Jenseg, G. (1997): Lieber Niemand. München (ab 14 Jahre).
- Saal, F. (1994): Leben kann man nur sich selbst. Texte 1960-1994. Düsseldorf, Bundesverband für Mehrfach- und Körperbehinderte.

Filmmaterial

Unter folgender Adresse kann Filmmaterial zu unterschiedlichen Formen von Behinderung ausgeliehen werden:
Arbeitsgemeinschaft Behinderung und Medien,
Bonner Platz 1, 80803 München, Telefon 089-307992-0, www.abm-medien.de

Anmerkungen

1 Fornefeld, B. (2004): Einführung in die Geistigbehindertenpädagogik. 3. Auflage, München, Basel, S. 8
2 Sozialgesetzbuch IX, Teil1, Kap. 1, § 2
3 Lempp, R. (1995): Seelische Behinderung als Aufgabe der Jugendhilfe. Stuttgart
4 Eberwein, H. (Hrsg.) (2002): Integrationspädagogik. Kinder mit und ohne Behinderung lernen gemeinsam. 6. Auflage, Weinheim, Basel
5 Bergeest, H. (2002): Körperbehindertenpädagogik. 2. Auflage, Bad Heilbrunn
Bundschuh, K. (2002): Heilpädagogische Psychologie. 3. Auflage, München, Basel
Leonhardt, A. (2002): Einführung in die Hörgeschädigtenpädagogik. 2. Auflage, München, Basel
Petermann, F. (2000): Lehrbuch der klinischen Kinderpsychologie und -psychotherapie. Göttingen, Bern, Toronto, Seattle
Resch, F.; Parzer, P. u.a. (Hrsg.) (1999): Entwicklungspsychopathologie des Kindes- und Jugendalters. Ein Lehrbuch. 2. Auflage, Weinheim, Basel
Strassburg, H. M.; Dachender, W.; Kress, W. (2002): Entwicklungsstörungen bei Kindern. Grundlagen der interdisziplinären Betreuung. München, Jena
Walthes, R. (2003): Einführung in die Blinden- und Sehbehindertenpädagogik. München, Basel

BAUSTEINE

Karteikarte (M 6.1)

Selbsterfahrung unter der Augenbinde

- ☐ Kontaktaufnahme mit einem Mobilitätstrainer für Blinde und Sehbehinderte (Internet)

- ☐ Gemeinsames Frühstück unter der Augenbinde (Ich esse blind/Ich werde gefüttert)

- ☐ Gehen mit einer Simulationsbrille (von Außenstehenden als blind wahrgenommen; durch die Simulationsbrille jedoch sehend)

- ☐ Partnerübungen (Blinder/Sehender, Achtung: sorgfältig auf Hindernisse achten)

- ☐ Es besteht auch die Möglichkeit, sich mit verbundenen Augen führen zu lassen:
  - Der/die Geführte hat die Aufgabe, auf die Geräusche in der Umwelt zu achten.
  - Nach einer zuvor festgelegten Zeit oder Strecke wechseln die Rollen: die Person, die bisher geführt hat, wird nun geführt.
  - Während der Führung nicht miteinander sprechen (Ausnahme: drohende Gefahren).
  - Die „blind" Hörenden beschreiben nach der Führung, was sie gehört haben.
  - Beschrieben werden zunächst die Geräusche. Dann können Vermutungen angestellt werden, wer oder was das jeweilige Geräusch verursacht hat.
  - Wenn verschiedene Paare die gleiche Strecke zur gleichen Zeit gehen, lassen sich Geräuscheindrücke vergleichen.

Karteikarte (M 6.2)

Selbsterfahrung mit Hörschutz (Kopfhörer/Oropax)

- ☐ Mit Gehörschutz Unterricht verfolgen.
- ☐ Mit Gehörschutz an einem Gespräch teilnehmen.
- ☐ Zu zweit (eine Person mit Hörschutz, eine ohne): auf dem Schulhof, bei Pausenverkauf, im Schulgebäude; nach 3 bis 5 Minuten wechseln; über Hörerfahrungen sprechen; nicht im Straßenverkehr, weil gewohnte Warn- und Signalgeräusche gedämpft werden.

Selbsterfahrung im Rollstuhl

- ☐ beim Besuch einer Einrichtung für Kinder und Jugendliche mit Körperbehinderung
- ☐ beim Besuch eines Behindertensportvereins (Rollstuhlbasketball)
- ☐ Rollstühle über Krankenkassen, Sanitätshäuser oder Rettungsdienste ausleihen

Kommunikation unter erschwerten Bedingungen

- ☐ Sprechen, Vorlesen mit einem Gegenstand (z.B. Korken) im Mund
- ☐ Begriffe nonverbal erklären (Gestik, Mimik, Bewegung ...)
- ☐ Situationen und Erlebnisse (z.B. Wochenende) anderen nonverbal mitteilen

Karteikarte (M 6.3)

M 6.3

Kooperation mit einer Klasse aus dem Förderschulbereich

- ☐ gemeinsames Frühstück
- ☐ gemeinsames Schullandheim
- ☐ Patenschaften, Briefaustausch, E-Mail-Austausch
- ☐ gemeinsamer Unterricht, gemeinsames Projekt
  Beispiel: Der Ort, in dem wir leben
  - Freizeitgestaltung: Was können wir alle machen, wo sind Behinderte (fast) ausgeschlossen?
  - Begehung öffentlicher Gebäude in gemischten Gruppen; erkunden, ob sie barrierefrei sind.
  - Ist der öffentliche Nahverkehr barrierefrei?
  - Einkaufen und Shoppen: was geht gut, was geht schwer, was gar nicht?

Projekttag oder Projektwoche

- ☐ Erarbeiten von Informationsmaterial (siehe hier auch Material M 6.5 - M 6.8, S. 85-90), Gestalten von Plakatwänden, Broschüren, Flyern
- ☐ Experten einladen (zum Beispiel Sonderpädagogen, Mediziner, Betroffene)
- ☐ Möglichkeiten der Selbsterfahrung bieten (siehe Material M 6.1 und M 6.2, S. 82)
- ☐ Analyse von Medienberichten
- ☐ Lektüre und Filme über Behinderungen (siehe www.abm-medien.de)
- ☐ Ist unsere Schule barrierefrei?
- ☐ Andere Orte untersuchen (siehe oben)

M 6.4

MATERIALBOGEN

Information für Lehrkräfte (M 6.4)

Prä-, peri- und postnatale Risikofaktoren für geistige Behinderungen und seelische Störungen

Pränatale Faktoren

- ☐ genetische Ursachen wie Anomalien der Chromosomenzahl (z.B. Downsyndrom) und der Chromosomenstruktur, ungünstige Genkombinationen, angeborene Stoffwechselstörungen (z.B. Phenylketonurie)
- ☐ Infektionen der Mutter durch Röteln, Mumps, Masern, Windpocken, Toxoplasmose, Herpes, Aids
- ☐ toxische Einflüsse durch Alkohol-, Nikotin- und Drogenkonsum, Medikamentenmissbrauch und -gebrauch (z.B. Contergan), Umweltgifte
- ☐ Störungen des mütterlichen, plazentaren oder des fetalen Kreislaufs
- ☐ vorausgegangene Fehlgeburten, Blutungen, Form- und Lageanomalien der Plazenta, gynäkologische Eingriffe, Abtreibungsversuche
- ☐ Epilepsie bei der Mutter
- ☐ Unfälle, mechanische Traumen
- ☐ Diabetes, Nierenerkrankung
- ☐ Fehl- oder Mangelernährung der Mutter
- ☐ Strahlenschäden

Perinatale Faktoren

- ☐ Sauerstoffmangel, Hirnblutungen
- ☐ mechanische Verletzungen des Kopfes durch Zangen- oder Vakuumextraktion
- ☐ Nabelschnurumschlingungen, falsche Lage des Kindes im Mutterleib
- ☐ Frühgeburt, verzögerte Geburt, niedriges Gestationsalter

Postnatale Faktoren

- ☐ Atemstörungen
- ☐ Saug- und Schluckstörungen, Ernährungsstörungen
- ☐ Krampfanfälle, Hirnentzündungen, Schädel-Hirn-Traumen (z.B. durch Unfälle, Misshandlungen)

Risikofaktoren für seelische Störungen sind unter anderem

- ☐ soziale Deprivation, ungünstiges familiäres Milieu
- ☐ sozioökonomische Faktoren (berufliche Situation, Wohnsituation, Armut)
- ☐ psychosoziale Faktoren (Trennung der Eltern, Krankheit, Tod)

Information für Lehrkräfte (M 6.5-1)

Autismus (1)

M 6.5-1

Autismus ist eine tief greifende Entwicklungsstörung, die bereits im Kindesalter beginnt.
Im Zentrum steht eine schwere Beziehungs- und Kommunikationsstörung.
Die Auswirkungen der Störung behindern auf vielfältige Weise die Beziehungen zur Umwelt, die Teilnahme am Leben in der Gemeinschaft und die Fähigkeit zur Eingliederung in die Gesellschaft. Es sind sowohl kognitive als auch sprachliche, motorische, emotionale und interaktionale Bereiche betroffen.

Erscheinungsformen

Qualitative Beeinträchtigung der sozialen Interaktion

Die Beeinträchtigung der Kinder zeigt sich als Kontaktstörung. Kinder mit Autismus nehmen ihre Umwelt anders wahr als es für das jeweilige Lebensalter typisch ist:

- Sie nehmen keinen angemessenen Blickkontakt auf.
- Sie lächeln nicht zurück, wenn sie angelacht werden.
- Ihre Aufmerksamkeit ist auf wenige Dinge fixiert, z.B. Wasserhähne, Türklinken, Lichtschalter etc., die sie magisch anziehen.

Qualitative Beeinträchtigung der Kommunikation

Bei frühkindlichem Autismus ist die Sprachentwicklung zum Teil massiv eingeschränkt:

- Wörter und Sätze werden oft wiederholt (Echolalie).
- Pronomina werden vertauscht.
- Wortneuschöpfungen treten auf (Neologismen).
- Die Stimme klingt eintönig (fehlende Prosodie).

Repetitive und stereotype Verhaltensmuster

Veränderungen in der Umwelt führen bei Autisten zu Verunsicherung und Beunruhigung.
Sie entwickeln oft Stereotypien z.B. Drehen und Kreiseln von Rädern, Rieseln mit Sand, Wedeln mit den Fingern.

M 6.5-2

MATERIALBOGEN

Information für Lehrkräfte (M 6.5-2)

Autismus (2)

Formen des Autismus

Nach dem heutigen Wissensstand gibt es in Deutschland 5 bis 15 Menschen mit autistischen Störungen auf 10.000 Personen. Jungen sind drei- bis viermal häufiger betroffen als Mädchen. Autismus ist nicht heilbar. Grob lassen sich zwei Formen von Autismus unterscheiden:

	frühkindlicher Autismus	**Asperger Autismus**
erste Auffälligkeiten	bereits in den ersten Lebensmonaten	ab 3. Lebensjahr
Blickkontakt	fehlend, flüchtig	flüchtig, selten
Sprache	später Sprachbeginn oder fehlende Sprachentwicklung, kaum kommunikative Funktion	früher Sprachbeginn, grammatikalisch und stilistisch komplexe Sprache, Sprache hat kommunikative Funktion, die allerdings gestört ist
Intelligenz	meist stark eingeschränkte intellektuelle Leistungen, geistige Behinderung (75 Prozent)	normale bis hohe Intelligenz, Inselbegabungen
Motorik	meist keine Einschränkungen	häufig motorische Ungeschicktheiten

Ursachen

Autismus ist eine neurologische Störung und hat organische Ursachen.
Die genauen Ursachen sind noch nicht eindeutig geklärt, diskutiert werden:

- genetische Faktoren
- Hirnschädigungen
- biochemische Besonderheiten

Weitere Informationen und Literatur

Bundesverband Hilfe für das autistische Kind
Bebelallee 141, 22297 Hamburg. Internet: http://www.autismus.de

Brauns, A. (2004): Buntschatten und Fledermäuse. München
Poustka, F. u.a. (2004): Autistische Störungen. Göttingen

Information für Lehrkräfte (M 6.6)

Downsyndrom

M 6.6

MATERIALBOGEN

Menschen mit Downsyndrom haben ein Chromosom mehr, also 47 statt 46 Chromosomen.
Das Chromosom 21 ist dreifach, statt zweifach vorhanden. Ungefähr eins von 700 Kindern wird mit der Trisomie 21 geboren. Die Wahrscheinlichkeit, dass ein Kind mit Downsyndrom auf die Welt kommt, steigt mit dem Alter der Mutter.

Das Downsyndrom ist nicht erblich bedingt. Eine Ausnahme stellt die sogenannte „Translokations-Trisomie 21" dar, die erblich bedingt sein kann.

Unterscheidungen

Freie Trisomie 21
(ungefähr 95 Prozent der Menschen mit Downsyndrom)

Mosaiktrisomie
(1 bis 2 Prozent der Menschen mit Downsyndrom; nicht alle Körperzellen haben das Chromosom 21 dreifach, es gibt Körperzellen mit dem üblichen Chromosomensatz)

Translokations-Trisomie
(3 bis 4 Prozent der Menschen mit Downsyndrom, das zusätzliche Chromosom 21 hat sich auf ein anderes Chromosom angelagert)

Erscheinungsbild

Es gibt äußerlich einige gemeinsame Merkmale, die jedoch individuell verschieden sein können und teilweise auch bei Menschen ohne Downsyndrom auftreten:

Nach oben außen hin geschrägte Lidachsen, eine kleine sichelförmige Hautfalte an den inneren Augenwinkeln (Epikanthus), flacher Hinterkopf, Muskelhypotonie, auch Herzfehler oder Darmverengungen können vorkommen. Falsch ist, dass Menschen mit Downsyndrom eine übergroße Zunge haben. Die Mundhöhle ist etwas kleiner angelegt und durch eine geringe Spannung in der Zungenmuskulatur wirkt es so, als ob die Zunge nicht in den Mund hineinpasse.
Auffallend viele Menschen mit Downsyndrom entwickeln besondere Kompetenzen im Bereich des Sozialverhaltens und der Emotionalität. Trisomie 21 führt zumeist zu einer geistigen Behinderung, deren Ausprägungsgrad individuell verschieden sein kann.

Kinder mit Downsyndrom besuchen oft eine Förderschule und in letzter Zeit verstärkt Integrationsklassen an Regelschulen. Viele Kinder mit Downsyndrom können Lesen und Schreiben erlernen und haben teilweise die Aussicht, später integrativ in der freien Wirtschaft zu arbeiten.

Weitere Informationen und Literatur

Arbeitskreis Down-Syndrom e.V., Gadderbaumer Straße 28, 33602 Bielefeld,
Internet: http://down-syndrom.org
Down-Syndrom Netzwerk e.V. Internet: http://www.down-syndrom-netzwerk.de

Bohnenstengel, A.; Holthaus, H.; Pollmächter, A. (Hrsg.) (2003):
Ich bin anders als du denkst. Menschen mit Down-Syndrom begegnen. Würzburg

M 6.7-1

MATERIALBOGEN

Information für Lehrkräfte (M 6.7-1)

Epilepsie (1)

Epileptische Anfälle werden durch Funktionsstörungen des Gehirns hervorgerufen, ohne dass eine akute Ursache vorhanden ist. Sie treten plötzlich und meist ohne große Vorwarnung auf. Die Nervenzellen produzieren plötzlich ein völlig anderes Entladungsmuster. Eine Schädigung oder Erkrankung des Gehirns und eine meist angeborene erhöhte Anfallsbereitschaft können zu diesen Funktionsstörungen führen. Von Epilepsie spricht man, wenn sich die Anfälle von selbst ohne besonderen Anlass wiederholen. Ein einzelner Anfall bedeutet noch keine Epilepsie.

Epilepsien sind so häufig wie die Zuckerkrankheit oder das Gelenkrheuma. Fünf Prozent aller Menschen haben einmal im Leben einen epileptischen Anfall, ein Prozent erkrankt an einer Epilepsie. Epilepsien sind eine gut behandelbare Erkrankung. 80 Prozent lassen sich durch Medikamente gut behandeln. Die restlichen 20 Prozent stellen allerdings eine Problemgruppe dar.

Grob lassen sich folgende Anfallstypen unterscheiden:
- generalisierte Anfälle: das ganze Gehirn ist betroffen
- fokale Anfälle: der Anfall entsteht an einem umschriebenen Ort im Gehirn.
  Ein fokaler Anfall kann sich aber auf das ganze Gehirn ausbreiten
  (sekundäre Generalisierung)
- nicht klassifizierbare Anfälle

Erscheinungsformen

Grand-mal-Anfall
Beim Grand-mal-Anfall oder großen Krampfanfall kommt es zusammen mit einer Bewusstlosigkeit zu ausgeprägten Krämpfen am ganzen Körper. Gliedmaßen, Gesicht und Körper sind zunächst angespannt, dann treten rhythmische Zuckungen auf. Es kann zu bläulicher Hautverfärbung, unwillkürlichem Urinabgang, Speichelaustritt aus dem Mund und Bissverletzungen der Zunge kommen.

Absence
Eine Absence ist eine sehr milde Anfallsform. Eine plötzliche Bewusstseinspause mit Innehalten bei einer Tätigkeit, leichtes rhythmisches Zucken der Augenlider und Schmatzbewegungen können beobachtet werden. Der Anfall dauert meist nur einige Sekunden und wird oft als „Verträumtsein" verkannt. Verkrampfungen oder ein Sturz kommen nicht vor.

Psychomotorischer Anfall
Dieser Anfall ist gekennzeichnet durch eine Umdämmerung des Bewusstseins und merkwürdige sinnlose Verhaltensweisen, die sehr unterschiedlich sein können, sich aber beim Einzelnen von einem Anfall zum anderen oft regelhaft wiederholen. Herumnesteln an der Kleidung, Schmatzbewegungen, Lautäußerungen, sinnloses Lachen, Stampfen, Tänzeln kann man beobachten.

Tonischer Anfall
Es kommt zu einer Verkrampfung einer oder mehrerer Gliedmaßen, ohne dass Zuckungen auftreten. Der Betroffene verharrt in der verkrampften Körperhaltung. Das Bewusstsein kann erhalten sein. Wenn der Anfall ohne Vorwarnung einsetzt, kann der Betroffene durch die plötzliche Verkrampfung stürzen. Ein tonischer Anfall ist meist sehr kurz (1 bis 30 Sekunden).

Epilepsie (2)

Erste Hilfe bei epileptischen Anfällen (Grand mal)

- ☐ Ruhe bewahren.
- ☐ Auf die Zeit achten und Anfallsgeschehen beobachten.
- ☐ Den Betroffenen möglichst liegen lassen.
- ☐ Den Platz um den Betroffenen frei machen, d. h. Gegenstände, an denen er sich verletzen könnte, aus dem Weg räumen oder den Betroffenen aus der Gefahrenzone ziehen.
- ☐ Beengende Kleidungsstücke (Tücher, Hemdkragen etc.) lockern.
- ☐ Den Kopf möglichst auf eine weiche, aber flache Unterlage betten.
- ☐ Nach dem Anfall den Betroffenen in die stabile Seitenlage bringen und betreuen, bis er wieder ganz wach ist.

Bei einem Erstanfall oder wenn ein Anfall länger als 5 Minuten dauert oder wenn mehrere (große) Anfälle hintereinander auftreten, muss sofort ein Notarzt gerufen oder der Betroffene ins Krankenhaus gebracht werden.

Keinesfalls sollte man

- ☐ Gegenstände in den Mund stecken, um Zungenbisse zu vermeiden
- ☐ zuckende Gliedmaßen festhalten
- ☐ versuchen den Mund zu öffnen, um zu „beatmen"
- ☐ Stimulationsversuche unternehmen durch Schläge, Kalt-Wasser-Anwendung und dergleichen

Aufsichtspflicht in der Schule

Grundsätzlich gilt, dass Lehrkräfte oder Begleitpersonen für Verletzungen oder Schäden, die dem Kind mit einer Epilepsie oder durch dieses Kind entstanden sind, nur dann haften, wenn der Schaden vorhersehbar war und wenn sie vorsätzlich und grob fahrlässig gehandelt haben.

Weitere Informationen und Literatur

Deutsche Epilepsie Vereinigung e.V., Zillestraße 102, 10585 Berlin
Internet: http://www.izepilepsie.de

www.epilepsiebayern.de

Akademie für Lehrerfortbildung und Personalführung Dillingen in Zusammenarbeit mit dem Landesverband Epilepsie Bayern e.V. (2004): Epilepsien – eine pädagogische Herausforderung für jede Schule?! Lehrerpaket Epilepsie. Informationen für Lehrer aller Schularten. Dillingen

Altrup, U.; Specht, U. (1999): Informationstafeln Epilepsie. Wehr

M 6.8

MATERIALBOGEN

Information für Lehrkräfte (M 6.8)

Aufmerksamkeitsdefizit-Syndrom (ADS) Aufmerksamkeitsdefizit-/Hyperaktivitäts-Störung (ADHS)

Die drei Kernsymptome der hyperkinetischen Störung sind Aufmerksamkeitsstörungen, Impulsivität und Hyperaktivität. Drei bis fünf Prozent aller Kinder zeigen diese Kennzeichen. Jungen sind häufiger betroffen als Mädchen.

Erscheinungsbild

Aufmerksamkeitsstörung
Selektive Aufmerksamkeit (Fähigkeit, die Aufmerksamkeit auf relevante Reize zu fokussieren und irrelevante Reize zu ignorieren) und Daueraufmerksamkeit (Fähigkeit, die Aufmerksamkeit auf eine Aufgabe über die Zeit aufrechtzuerhalten) sind betroffen. Die Kinder brechen Tätigkeiten vorzeitig ab, lassen sich leicht ablenken, können sich nur kurz auf eine Sache konzentrieren. Die Aufmerksamkeitsstörung ist bei fremdbestimmten Tätigkeiten deutlicher zu beobachten.

Impulsivität
Kognitive Impulsivität: Man folgt dem ersten Impuls und beginnt eine Tätigkeit, bevor sie richtig durchdacht ist – plötzliches Handeln ohne zu überlegen.
Motivationale Impulsivität: Bedürfnisse können nicht aufgeschoben werden – Unfähigkeit abzuwarten.

Hyperaktivität, motorische Unruhe
Desorganisierte, überschießende motorische Aktivität, Ruhelosigkeit, besonders in Situationen, die relative Ruhe verlangen, am deutlichsten in Situationen, die ein hohes Maß an eigener Verhaltenskontrolle verlangen z.B. Schule, Hausaufgaben.

Ursachen

- ☐ genetische Faktoren
- ☐ Auffälligkeiten im Neurotransmittersystem (Dopaminstoffwechsel)
- ☐ Störungen im Immunsystem
- ☐ psychosoziale Bedingungen

Weitere Informationen und Literatur

www.wissenschaft.de

www.dgkjp.de-adhs.htm

www.adhs.de

Bundesverband Aufmerksamkeitsstörung/Hyperaktivität e.V.,
Postfach 60, 91291 Forchheim, www.bv-ah.de

Döpfner, M. u.a. (2000): Hyperkinetische Störungen. Göttingen

Baustein 7:

Mobbing begegnen – mit Zivilcourage

B 7

BAUSTEINE

Thema:

Zivilcourage und prosoziales Verhalten als Mobbingprävention und -bewältigung

Intention:

Kennenlernen der Charakteristika von Mobbing und Üben zivilcouragierten Handelns

Materialien/Medien:

M 7.1 - Kopiervorlage: Bogen zur Erfassung eines Mobbingfalls

M 7.2 - Kopiervorlage: Selbstreflexion für einzelne Lehrerinnen und Lehrer – und für Lehrerteams

M 7.3 - Kopiervorlage: Was uns in der Klasse wichtig ist

M 7.4 - Karteikarte: Zur eigenen Meinung stehen

M 7.5 - Karteikarte: Mobbingskala

Bezug zu anderen Bausteinen:

Bausteine 4 und 8

Zeitrahmen:

nach Bedarf

Problemfeld:

Jörn, 14 Jahre alt, 8. Klasse, wird seit mehreren Monaten von einer Gruppe in seiner Klasse schikaniert. Zuerst fand er nach der Schule seinen Anorak nicht mehr am Haken, dann beschimpften ihn Unbekannte per SMS als „schwule Sau" und drohten, ihn fertigzumachen, wenn er darüber sprechen würde. Beim Schwimmunterricht wurde er von Schülern seiner Klasse mit Hohn übergossen, weil er „so komisch" ins Wasser köpfe. Zwar weiß Jörn, wer die Gruppe anstiftet, aber er meint, keine Chance gegen sie zu haben.

Seine Mutter wandte sich an den Klassenlehrer und an die Direktorin und bekam Hilfe zugesagt. Als Jörn wegen einer Erkrankung einen Tag zu Hause war, sprach der Lehrer mit der Klasse. Danach gingen weitere Schikanen los.

Mobbing unter Schülern ist ein Phänomen, das Lehrkräften aller Klassenstufen und Schularten bekannt ist. Allerdings ist Mobbing innerhalb einer Schulklasse nicht immer auf den ersten Blick zu erkennen. Wenn auf Mobbing wie auf einen Konflikt oder eine Streiterei reagiert und zur Klärung ein gemeinsames Gespräch mit Mobbingtäter und dem Opfer angestrebt wird, dann besteht die Gefahr, die Mobbingtäter in ihrem Tun zu bestärken. Daher sollen zunächst einige Missverständnisse über Mobbing angesprochen werden.

- *Missverständnis 1: Mobbing wird oft als Streit oder als Konflikt zwischen Schülern angesehen.*

Mobbing ist kein Zwischenfall, der spontan und zufällig entsteht oder sich aus einer Streitsituation oder einem Konflikt zwischen gleich Starken entwickelt. Vielmehr handelt es sich um ein wiederholtes und systematisches Schikanieren Schwächerer. Täter wollen damit einen hohen sozialen Stand innerhalb der Gruppe erlangen und aufrechterhalten.[1]

Zumeist gibt es einen Haupttäter, der sich immer wieder neue Schikanen ausdenkt. Die Schikanen beginnen mit verbalen Beschimpfungen, gehen zu direkter körperlicher Aggression über und werden letztlich indirekt – und damit schwer erkennbar – ausgetragen. Dazu gehört auch die Beeinflussung von Beziehungen zum Beispiel durch den Versuch, das Opfer in der Gruppe zu isolieren, abwertende SMS zu verschicken, Lügen und Gerüchte zu verbreiten und andere anzustiften: „Nimm Kathie das Federmäppchen weg, wenn du zu unserer Gruppe dazugehören willst".

Täter versuchen auch, Lehrkräfte zu benutzen, indem sie so tun, als habe das Opfer angefangen und/oder durch Provokationen selbst die Schikanen herbeigeführt.

Der Täter ist in der Schulklasse stets in einer stärkeren Position, sei es durch körperliche, psychische oder soziale Überlegenheit. So hat das Opfer geringe Chancen sich zu wehren. Streiten zwei gleich starke Schüler, dann ist das kein Mobbing!

- *Missverständnis 2: Mobbing wird oft nur als ein Problem zwischen Opfern und Tätern gesehen.*

Mobbing ohne Publikum gibt es nicht; Täter greifen ihre Opfer in der Regel nicht an einem Ort an, wo sie allein mit dem Opfer sind. So sind beim Mobbing neben Opfern und Tätern Mitschüler in verschiedene Rollen eingebunden: als Außenstehende, die sich aus Mobbingsituationen heraushalten, als Verstärker, die zusehen und/oder den Täter durch Lachen und Zurufe ermutigen, als Assistenten, die das Opfer auch mal festhalten sowie auch als Verteidiger, die dem Opfer zur Seite stehen.[2]

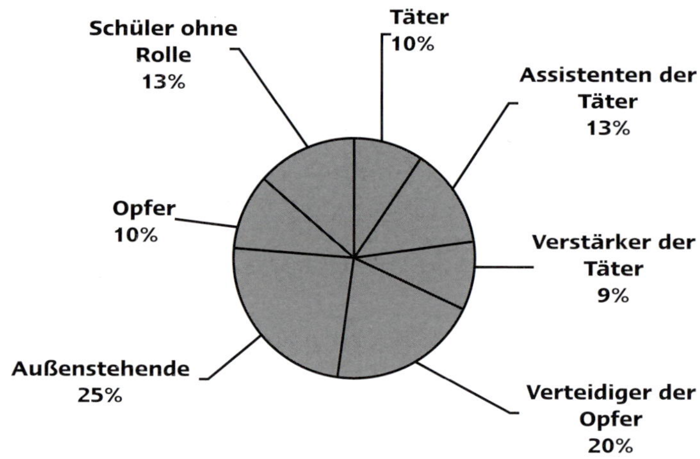

Wenn Täter erreichen, dass die Mehrheit der Schüler es akzeptiert, wenn ein Mitschüler schikaniert wird, dann ist die Veränderung der Opferrolle und eine vollständige Reintegration des Opfers in den Klassenverband sehr schwierig.[3] Solange der Täter seine Bestätigung bekommt und von außen kein Anlass gegeben wird, wird er/sie von sich aus nicht aufhören, das Opfer zu schikanieren.

- *Missverständnis 3: Mitunter meint man, das Opfer verhalte sich ungeschickt und ist irgendwie auch selbst schuld.*

Aber im Grunde kann jeder Opfer von Mobbing werden. Die Rolle des Opfers ist keine frei gewählte oder durch ein bestimmtes Personenmerkmal hervorgerufene Rolle, sondern wird vom Haupttäter bestimmt. Täter erklären meistens einen Mitschüler zum Opfer, bei dem ein „Erfolg" sehr wahrscheinlich ist. Am besten funktioniert dies bei Mitschülern, die zum passenden Zeitpunkt leicht zu verletzen sind, sei es, weil sie sehr gute oder sehr schlechte Noten bekommen oder gerade Probleme in der Familie, mit sich selbst oder mit Freunden haben. Besonders leicht ist es für Täter mit neu in die Klasse kommenden Schülern.

Eindeutig belegt ist, dass trotz Stärkung des Selbstbewusstseins der Opfer der Opferstatus in der Wahrnehmung der Mitschülergruppe nicht verloren geht und Mobbing andauert. Trotzdem sollten Opfer selbstverständlich Stärkung und Verständnis für ihre Situation erfahren – um ihres Wohles willen. Aber eine effektive Anti-Mobbing-Strategie ist dies nicht.

Ist ein Schüler als Opfer deklariert, ist eine Änderung der Mobbingsituation im Klassenverband nur dann zu erwarten, wenn zeitgleich mehrere Maßnahmen vonseiten der Lehrer ergriffen werden, die die Gruppe als Ganzes fokussieren.

Ziele:

- Mobbing von anderen Aggressionsformen unterscheiden
- Für mögliche Fehler beim Umgang mit Mobbing sensibilisieren
- Mobbingfälle systematisch erfassen
- Zivilcouragiertes Handeln fördern
- Die Klasse als Unterstützer für Mobbingopfer gewinnen
- Werte klären und Regeln entwickeln
- Gemeinsam Sanktionen für Regelverstöße entwickeln

Worauf man achten sollte

Material 7.1, S. 99

Grundsätzlich ist es ratsam bei Mobbing präventiv vorzugehen und effektive Sanktionen rechtzeitig einzuführen, zum Beispiel am Anfang eines Schuljahres. Tritt ein Mobbingfall auf, ist es notwendig, sich ein möglichst umfassendes Bild zu verschaffen: Was ist geschehen? Wie lange hält das bereits an? Wie viele sind beteiligt? ... Dabei kann Ihnen der „Bogen zur Erfassung eines Mobbingfalls" nützlich sein (siehe Material 7.1)

Allerdings besteht in konkreten Mobbingfällen die Gefahr, dass manche Maßnahmen Mobbing eher noch verschlimmern. Darum ist es erforderlich, solche eher „gefährlichen Wege" auszuschließen. Darum werden im Folgenden zunächst Vorgehensweisen benannt, die zwar auf den ersten Blick naheliegend sein mögen, aber die Situation eher weiter zuspitzen können.

B 7

BAUSTEINE

Gut gemeint, aber ... – was Mobbing eher verstärkt

Eher gefährlich – den Fall mit Nennung der Namen diskutieren
Mitunter mag man es naheliegend finden, einen Mobbingfall in einem gemeinsamen Gespräch mit Opfer und Täter zusammen zu diskutieren, eventuell sogar noch in der Klasse.

Unbeabsichtigte Folge: Häufig werden in einem derartigen Gespräch auch die Namen genannt, zum Beispiel: *„Hört auf, Simone zu schikanieren.“ „Claudia, du hörst auf, sonst bekommst du Ärger mit mir.“* Von den Schülern wird das häufig so interpretiert, als sei Mobbing ein Problem zwischen den benannten Personen. Dabei wird übersehen, dass auch andere in der Klasse ihre Rolle spielen (siehe oben, Missverständnis 2). Das „Labeln“ mit Namen kann den Täter/die Täterin bestärken, weil seine/ihre soziale Macht offen dargelegt wird. Er/sie nimmt Sanktionen in Kauf, um noch mehr Ansehen und Einfluss in der Gruppe zu gewinnen.

Besser so: Gespräche und Diskussionen über Mobbing sind sinnvoll, sofern keine Personen direkt angesprochen werden. Darum sollten Lehrer stets nur über Verhaltensweisen sprechen. Wenn Schüler dennoch Namen nennen, sollten Lehrer deutlich sagen, dass es keine Rolle spielt, wer mobbt: *„Es ist für mich überhaupt nicht von Bedeutung, ob Markus, Sybille oder sonst jemand schikaniert“*. Klar zu benennen ist das Verhalten, das unerwünscht ist. Wer auch immer ein solches Verhalten zeigt (z.B. schlagen, treten, lästern, Gerüchte verbreiten), erfährt eine Sanktion (siehe auch Baustein 8, S. 103).

Eher gefährlich – Ermahnungen und Ratschläge für Täter und Opfer
Als Erwachsener tendiert man im pädagogischen Alltag mitunter dazu, einen gut gemeinten Rat zu geben oder zu ermahnen, zum Beispiel an das Opfer gerichtet: *„Du solltest vielleicht einfach ein bisschen mehr aus dir herausgehen, dann würden deine Mitschüler auch anders auf dich eingehen!"* Entsprechend auf den Täter bezogen: *„Du weißt doch, dass sie so ist, lass sie doch einfach in Ruhe!"*

Unbeabsichtigte Folge: Täter und Opfer werden in ihren Rollen bestärkt, das Mobbing wird aufrechterhalten.

Besser so: Auch hier gilt, die Verhaltensweise – nicht die Person – muss problematisiert werden. Bestimmte Verhaltensweisen werden in der Schule einfach nicht akzeptiert. Auch wenn sich das Opfer oder sonst immer freundliche Schüler aggressiv verhalten, werden diese Handlungen sanktioniert. Allerdings sollten Lehrkräfte mit Lob arbeiten und positives Verhalten verstärken. Generell gilt, dass es unerheblich ist, ob sich Schüler außerhalb der Schule anders verhalten. Die Regeln, die Sie als Lehrkraft aufstellen, gelten für die Zeit in Ihrer Schule, und wenn diese zu größeren Teilen eingehalten werden, dann ist damit bereits viel gewonnen.

Eher gefährlich – Mobbing auf die Persönlichkeit des Opfers zurückführen
Mit Ratschlägen an das Opfer, wie zum Beispiel: *„Du musst einfach selbstbewusster und sicherer auftreten und schlagfertiger kontern“*, führt man Mobbing letztlich auf die Persönlichkeit des Opfers zurück. Damit einher geht eine Schuldzuweisung, die Verantwortung für Mobbing und für dessen Beendigung wird auf das Opfer verlagert.

Unbeabsichtigte Folge: Das Opfer wird dadurch noch stärker in die für ihn/sie „unlösbare“ Situation gedrängt und möglicherweise zu riskanten Handlungen verleitet, wie zum Beispiel Weglaufen, Schule schwänzen und Autoaggressionen. Opfer können das Mobbingproblem nicht alleine lösen. Stellen Sie sich für einen Moment kurz vor, wie es wäre, wenn Sie sich tagtäglich gegen fünf Erwachsene wehren müssten.

Besser so: Machen Sie dem Opfer klar, dass das Verhalten der Täter unangemessen ist und dass jeder Opfer von Mobbing werden kann. Es ist grundlegend, dass alle Beteiligten Mobbing als erlerntes Verhalten begreifen, das von niemandem toleriert werden sollte (siehe auch Baustein 8, S. 103).

Eher gefährlich – Opfer aus der Klasse nehmen
Hin und wieder wird das Opfer aus der Klasse genommen. Es wechselt in die Parallelklasse oder sogar in eine neue Schule.

Unbeabsichtigte Folge: Wenn das Opfer die Klasse verlässt, trägt es die Folgen. Möglicherweise verinnerlicht es dabei auch, Weglaufen sei eine Problemlösung. Der Täter wiederum kann sein Verhalten als eine effektive Strategie bestätigt sehen. Wahrscheinlich sucht er/sie sich ein neues Opfer.

Besser so: Vermeiden Sie den Eindruck, der Stärkere setzt sich durch. Auflösung von Mobbing sollte möglichst eine Modellfunktion für alle Schüler haben. So erhalten Schüler die Möglichkeit, sich aktiv an Problemlösungen zu beteiligen. Machen Sie deutlich, dass prosoziales Verhalten, wie freundlich sein, sich integrieren, miteinander etwas unternehmen, langfristig die bessere Strategie ist, um sozialen Status in der Schulklasse zu erlangen.

Auch gefährlich – Mobbing nach Besserung aus dem Auge verlieren

Wenn Maßnahmen den erwünschten Erfolg zeigen, besteht die Gefahr zu früh zu glauben, das Mobbing sei beendet.

Unbeabsichtigte Folge: Die Schülerinnen und Schüler lernen dabei, dass zwar Unannehmlichkeiten auftreten, wenn sie jemanden schikanieren, doch diese sind nicht von langer Dauer. Das Opfer würde danach möglicherweise noch massiver schikaniert und eingeschüchtert, damit es sich nicht wieder offenbart. Maßnahmen gegen Mobbing zu früh einzustellen oder Regeln weniger zu beachten, wirkt inkonsequent und verstärkt das aggressive Verhalten sowie die Passivität bei den übrigen Schülern.

Besser so: Wenn Regeln oder Maßnahmen eingeführt werden, dann sollten diese einfach handhabbar und kontrollierbar sein. Am besten gelingt dies, wenn möglichst viele Lehrer mitwirken. Beispiel: Verhaltensweisen wie personenbezogenes Beschimpfen („du blöde Kuh!") werden auf einer Strichliste notiert, die sich beim Pult befindet und auf die die in der Klasse unterrichtenden Lehrer Zugriff haben. Für die Erarbeitung von Regeln werden im folgenden Teil des Bausteins weitere Hinweise gegeben.

Zivilcourage und prosoziales Verhalten – dem Mobbing begegnen

Wie oben dargestellt, sind in Schulklassen verschiedene Gruppen am Mobbing beteiligt. Daher ist es sinnvoll, dem Mobbing auf der Systemebene Schulklasse zu begegnen und prosoziales Verhalten, also Hilfsbereitschaft und Zivilcourage, zu fördern. Dies bedeutet, sich zum einen auf die Unterstützer des Opfers und zum anderen auf diejenigen Schülerinnen und Schüler zu konzentrieren, die sich neutral verhalten. Wenn diese Gruppen in prosozialen Verhaltensweisen gestärkt werden, dann kann die Klasse für das Mobbingopfer als unterstützendes Umfeld wirken.

Zivilcourage zeigt sich nicht nur im staatsbürgerlich-politischen Handeln, sondern im täglichen sozialen Geschehen[4]: eingreifen und sich wehren, wenn das humane Werte- und Gerechtigkeitsempfinden einer Person verletzt wird. Setzt sich ein Schüler für seinen Mitschüler ein, integriert er ihn oder macht er den Tätern deutlich, dass er ihr Verhalten unfair findet, so zeigt dieser Schüler sozialen Mut, mit anderen Worten, er handelt zivilcouragiert.

Zwar gibt es auch Persönlichkeitseigenschaften, die zivilcouragiertes Verhalten fördern, wie ein hoher Selbstwert, altruistische Einstellungen, Empathie, Verantwortungsgefühl und Gemeinsinn. Aber Zivilcourage kann auch in der Schule gelernt und trainiert werden. Dabei geht es um den Aufbau einer nachhaltig anerkannten Wertestruktur in der Klasse: Einhalten von fairen Spielregeln im Umgang miteinander und Aufmerksamkeit der Mitschüler untereinander. Konkreter bedeutet das

- die Achtsamkeit haben, Opfer zu erkennen,
- die Fähigkeit zum Perspektivenwechsel und
- den Mut haben, sich zu wehren sowie Opfern zu helfen.

Die folgenden Anregungen zielen darauf, die ganze Klasse zur Mitwirkung gegen Mobbing zu aktivieren. Dabei stehen Täter und Opfer nicht im Mittelpunkt. Die Vorschläge können präventiv eingesetzt werden, aber auch intervenierend, wenn Mobbing auftritt.

Werte klären und Regeln entwickeln — Material 7.2 - 7.4, S. 100-102

Klare Regeln und Standards an der Schule bedeuten Sicherheit für die Schüler: Opfer werden geschützt, Täter sanktioniert und Mitschüler entwickeln Achtsamkeit, Verantwortung und sozialen Mut. Untersuchungen zeigen, dass schon die Beschäftigung und Auseinandersetzung mit prosozialen Werten die Wahrscheinlichkeit erhöhen, sich entsprechend dieser Werte zu verhalten. Der soziale Kontext wirkt dabei verstärkend. Wenn sich die Klasse auf gemeinsam erarbeitete Werte einigt, dann unterstreicht dies die persönliche Zuständigkeit eines jeden für das soziale Klima. So wird der Verantwortungsdiffusion – jeder schiebt die Verantwortung auf den anderen, letztlich handelt keiner – entgegengewirkt.[5]

Vor der Arbeit mit der Klasse steht zunächst die persönliche Reflexion der einzelnen Lehrerin und des einzelnen Lehrers. Was ist mir wichtig? Wofür stehe ich? Was bedeutet für mich z.B. der Wert „Achtsamkeit"? Was bedeutet er nicht? Was setze ich persönlich davon um? Wo kann ich mich noch weiter entwickeln?

Die Kopiervorlage 7.2, S. 100, gibt Ihnen dazu Anregungen. Sie können die Vorlage nutzen

- für Ihre persönliche Reflexion und sie zunächst alleine bearbeiten,
- für die gemeinsame Klärung mit Kolleginnen und Kollegen, die Ihnen nahe stehen,
- für die Kooperation in Fach- und Klassenlehrerkonferenzen und
- für die Diskussion und Weiterentwicklung des schulischen Leitbildes.

Auf eine ähnliche Weise kann mit den Schülerinnen und Schülern gearbeitet werden (vgl. Kopiervorlage 7.3, S. 101):

- Wenn Werte gemeinsam geklärt und Regeln gemeinsam entwickelt werden, lässt sich im Falle eines Regelverstoßes auf die Verletzung der *gemeinsam* erarbeiteten Regeln hinweisen.
- Die *gemeinsam* entwickelten Maßnahmen sind so einfacher umzusetzen.
- Falls nötig, einige weitere Beispiele für Werte und Regeln:

Rücksicht nehmen; den anderen aussprechen lassen; sich bei guter Leistung anderer mit freuen; Vielfalt von Meinungen, Aussehen, Kleidung akzeptieren; bei Aggressionen Stoppsignale setzen; anderen Grenzen setzen; Grenzen anderer wahrnehmen.

Eine Hilfe zum Thema „eigene Werte" kann das Spiel „Zur eigenen Meinung stehen" sein (siehe Karteikarte 7.4, S. 102). Bei diesem Spiel erkennen die Schüler die Meinungsvielfalt in ihrer Klasse, sie stellen eventuelle Gemeinsamkeiten fest und lernen, vor der Gruppe ihre Meinung zum Ausdruck zu bringen. Wichtig ist die Einhaltung der Regel, dass die Meinungsäußerung ausschließlich über die Körperhaltung erfolgt und nicht über ein verbales – unter Umständen vorschnelles – (Ab-)Werten einer anderen Meinung. Das Spiel kann ohne großen Aufwand spontan in den Unterricht eingebaut werden und stärkt Selbstvertrauen, Toleranz und das Gefühl für gemeinsame Werte.

Sensibilisierung für Aggressionsformen bei Mobbing — Material 7.5, S. 102

Psychische und soziale Formen von Mobbing laufen für „Unbeteiligte" oft unsichtbar ab, können aber für die Betroffenen sehr belastend sein. Darum ist es wichtig, Schülerinnen und Schüler für die verschiedenen Formen des Mobbings zu sensibilisieren. Außerdem sollte ihnen verdeutlicht werden, dass Wahrnehmungen und Empfinden eines Opfers ernst genommen werden müssen. Sprüche vonseiten der Täter, die eine gewalttätige Handlung verniedlichen, wie „das war doch gar nichts Schlimmes" oder „das war nicht so gemeint", zeugen von Respektlosigkeit, mit der Täter mit ihren Opfern umgehen und bedeuten eine weitere Demütigung des Opfers.

Die Übung „Mobbingskala" (Kopiervorlage 7.5, S. 102) wurde in Anlehnung an Übungen wie Gewaltskala oder Gewaltbarometer[6] entwickelt und dient folgenden Zielen:

- Die Schüler erkennen, dass die Einschätzungen, ab wann Mobbing vorliegt, unterschiedlich sein können, vor allem bei Täter und Opfer, aber auch bei Unbeteiligten bzw. Unterstützern von Tätern und Opfern.
- Die Schüler lernen zu respektieren, wenn jemand sich als Opfer empfindet; Verniedlichungen vonseiten des Täters werden nicht zugelassen.
- Die Schüler stellen fest, dass es im Mobbingprozess unterschiedliche Formen von Aggression gibt, zum Beispiel auch „unsichtbare" psychische und soziale Formen wie Ausgrenzung und Stigmatisierung.
- Die Schüler sollen herausarbeiten, dass es ein Unterschied ist, ob jemand mal verspottet wird oder ob dies öfter oder gar täglich und schikanierend geschieht.

Klassenlektüre zum Thema Mobbing

Eine weitere Methode, sich mit dem Thema Mobbing im Unterricht zu beschäftigen, ist eine entsprechende Klassenlektüre. Literatur ermöglicht „wie kaum ein anders Medium ihren Lesern Perspektivenübernahme und Einübung in Fremdverstehen".[7] Sie bietet weniger vorgefertigte Urteile, sondern lässt den Leser oft mit Fragen zurück, die ihn zwingen, seine eigene Urteilsfähigkeit auszubilden.

Ein gut geeignetes Buch ist der Kinderroman von Kirsten Boje „Nicht Chicago. Nicht hier." Im Mittelpunkt steht ein Junge, der über Monate hinweg von einem Mitschüler auf massive Weise gemobbt wird und letztlich noch die Erfahrung macht – als er sich endlich jemandem anvertraut –, dass selbst Eltern und Lehrer ihm zunächst nicht glauben: „Keiner tut doch so etwas ohne Grund."

Das Buch spricht viele Facetten des Mobbings an. Konkrete Unterrichtsvorschläge zu diesem Buch sowie weitere Literaturhinweise finden sich in dem sehr praxisorientierten Buch „Gewalt, Mobbing & Zivilcourage – Lesen in der Schule mit dtv Junior". Hier werden verschiedene Bücher (Kinderromane und Sachtexte) inhaltlich vorgestellt sowie Vorschläge für den Unterricht gemacht.

Weitere Anregungen sind auf der Seite der Schulberatung Bayern http://www.schulberatung.bayern.de/vp.htm zu finden. Fallbeispiele mit konkreter Beratung finden Sie unter http://mobbingzirkel.emp.paed.uni-muenchen.de

Was man außerdem machen könnte

- Plakate malen und im Klassenraum aushängen: Was kann ich tun? An wen kann ich mich wenden? (für Betroffene und Mitschüler)
- Schüler beraten Schüler (evtl. Mädchen – Mädchen, Jungs – Jungs) (institutionalisiert an der Schule).
- Spielregeln festlegen und plakatieren „Mobbing nicht mit mir!" „Mobbing nicht bei uns!"
- Idealklassenklima: Skala von „absolut super" bis „absolut schlecht" – Fragen: Wo steht unsere Klasse derzeit? Wo wollen wir hin? Und wie kommen wir dahin?

Bitte nicht aus dem Auge verlieren ...

Mobbing ist von anderen Aggressionsformen zu unterscheiden. Die Anwendung von allgemeinen Konzepten wie Konfliktmanagement oder Mediationsformen reichen als Anti-Mobbing-Strategien nicht aus, erfahrungsgemäß sind sie meist erfolglos. Bei Mobbing ist es eher ratsam, spezifische Maßnahmen an die Dynamik, die jeweilige Situation und die Schulklasse anzupassen. Mehrere kontinuierlich und konsequent angewendete Strategien auf verschiedenen Ebenen, wie in diesem Baustein beschrieben, helfen, ein nachhaltig gutes Klassenklima zu entwickeln, in dem ein achtsamer Umgang miteinander an oberster Stelle steht.

Anmerkungen

1 Smith, P. K.; Cowie, H.; Olafsson, R. & Liefooghe, A. (2002): Definitions of bullying: a comparison of terms used, and age and sex differences, in a 14-country international comparison. In: Child Development, 73 (4), S. 1119-1133

2 Schäfer, M. & Korn, S. (2004): Bullying als Gruppenphänomen. Zeitschrift für Entwicklungspsychologie und Pädagogische Psychologie, 36, S. 19-29
Salmivalli, C.; Lagerspetz, K. M. J.; Björkquist, K.; Österman, K. & Kaukiainen, A. (1996): Bullying as a group process: Participant roles and their relations to social status in the group. Aggressive Behaviour, 22, S. 1-15

3 Kulis, M. (2005): Bullying unter Schülern: Der Beitrag der Mitschüler für die Stabilisierung von Bullying. Veröffentlichte Dissertationsschrift. München

4 Meyer, G. (2004): Was heißt mit Zivilcourage handeln? In: Meyer, G.; Dovermann, U.; Frech, S. & Gugel, G. (Hrsg.): Zivilcourage lernen. Analysen – Modelle – Arbeitshilfen, S. 22 – 40. Bundeszentrale für politische Bildung und Landeszentrale für politische Bildung Baden-Württemberg

5 Bierhoff, H.-W. (2002): Theorien hilfreichen Verhaltens. In: Frey, D. & Irle, M. (Hrsg.): Theorien der Sozialpsychologie, Bd. II, Bern, S. 178 – 197
Frey, D.; Schäfer, M. & Neumann, R. (1999): Zivilcourage und aktives Handeln bei Gewalt: Wann werden Menschen aktiv? In: Schäfer, M. & Frey, D. (Hrsg.): Aggression und Gewalt unter Kindern und Jugendlichen. Göttingen, S. 265 – 284

6 Posselt, R. - E. (2004): Wer Courage hat, soll es zeigen. In: Meyer, G.; Dovermann, U.; Frech, S. & Gugel, G. (Hrsg.): Zivilcourage lernen. Analysen – Modelle – Arbeitshilfen. S. 240 – 259. Herausgegeben von der Bundeszentrale für politische Bildung und der Landeszentrale für politische Bildung Baden-Württemberg

7 Gaska, A.; Frey, D.; Spies, R. & Manzenrieder, A. (in Druck): Aufgschaut – Ein Projekt zur Förderung von Selbstbehauptung und Zivilcourage in der Grundschule. In: Jonas, K.; Boos, M. & Brandstätter, V. (Hrsg.): Zivilcourage trainieren. Göttingen

Kopiervorlage (M 7.1)

Bogen zur Erfassung eines Mobbingfalls

M 7.1

MATERIALBOGEN

Daten des Opfers zum Zeitpunkt des Mobbings

Alter: ____________________ Klassenstufe: ____________________

Geschlecht: weiblich ☐ männlich ☐

Beschreibung der Mobbingsituation

Um welche Art von Mobbing handelt es sich? (Mehrfachnennungen möglich)

☐ körperlich, wie z.B. schlagen, treten, schubsen
☐ verbal, wie z.B. beschimpfen, abwertende Worte, drohen, Schutzgeld erpressen
☐ indirekt, wie z.B. Gerüchte verbreiten, ausgrenzen, ignorieren, Zettelchen schreiben, lästern

Wie lange dauert das Mobbing Ihres Wissens nach schon?

☐ eine Woche
☐ länger als eine Woche
☐ einen Monat
☐ mehrere Monate
☐ ein Jahr
☐ über ein Jahr

Wie häufig findet das Mobbing statt? Wo wird das Opfer schikaniert?

☐ einmal pro Woche
☐ mehrmals pro Woche
☐ täglich
☐ einmal pro Monat
☐ auf dem Schulweg
☐ im Unterricht
☐ in der kleinen Pause
☐ in der großen Pause
☐ im Sportunterricht
☐ anderswo, nämlich ____________________

Wie viele Täter sind an dem Mobbing beteiligt? Woher kommt der Täter/die Täterin?

Anzahl der Täter/innen: Jungen __________ Mädchen __________

☐ aus der Klasse des Opfers
☐ aus der Parallelklasse
☐ aus einer höheren Klasse
☐ ____________________

Wie sieht die Dynamik in der Mobbingsituation aus?

☐ es ist nur einer/sind nur wenige, die schikanieren
☐ erst fängt einer an, dann schließen sich mehrere an
☐ es weitet sich auf die ganze Klasse aus

Bereits unternommene Maßnahmen:

____

____

____

M 7.2

MATERIALBOGEN

Kopiervorlage (M 7.2)

Selbstreflexion für einzelne Lehrerinnen und Lehrer – und für Lehrerteams

Welche Werte für das Klima in unseren Klassen sind mir/uns wichtig?

Welcher Wert ist mir/uns im Hinblick auf die betreffende Klasse am wichtigsten?

Was verstehe ich unter diesem Wert?

Positive Beispiele: Situation, in der es mir/uns gelungen ist, diesen Wert umzusetzen:

Negative Beispiele: Situation, in der es mir/uns nicht gelungen ist, diesen Wert umzusetzen:

Für welche Spielregeln werde ich mich/werden wir uns einsetzen?

Kopiervorlage (M 7.3)

Was uns in der Klasse wichtig ist

M 7.3

Jeder Mensch möchte sich wohlfühlen. Dafür muss man etwas tun. Werte drücken aus, was für einen wichtig ist, was man befolgt und wofür man sich einsetzt. Damit wir gut miteinander auskommen, gelten auch für das Zusammenleben Werte, wie zum Beispiel Freundlichkeit, Höflichkeit, Hilfsbereitschaft. Überlegt in eurer Gruppe weitere Werte, die es für alle leichter machen, miteinander auszukommen.

Welche drei Werte sind mir/uns für die Klasse am wichtigsten?

Darauf einigen wir uns

Regeln, die helfen können, die Werte einzuhalten:

Was tun, wenn man gegen die Regeln verstößt?
Manchmal werden Regeln verletzt. Wenn das ohne Folgen bleibt, haben die Regeln bald keinen Wert mehr. Überlegt, was jemand tun muss, der gegen eure gemeinsam aufgestellten Regeln verstößt.

Ihr habt einige Maßnahmen gegen Regelverstöße besprochen.
Einigt euch zusammen mit den anderen aus der Klasse und mit euren Lehrerinnen und Lehrern darauf, was in Zukunft tatsächlich gelten soll.
Wie wäre es, wenn dazu Plakate gemacht werden? So haben alle vor Augen, was ausgemacht ist.

MATERIALBOGEN

Karteikarte (M 7.4)

Zur eigenen Meinung stehen

- ☐ Jede/r Schüler/in überlegt sich, was er/sie gerne mag oder tut.
- ☐ Nacheinander steht jeder auf und sagt laut und deutlich seine Aussage. Beispiel: „Ich mag Tiere." „Ich verreise gerne." Zu beachten ist dabei, dass es sich ausschließlich um positive Aussagen handeln darf (nicht: „Ich schlage gerne.").
- ☐ Bei jeder Aussage überlegen sich die anderen, ob sie ihr zustimmen oder nicht. Dabei soll nicht gesprochen werden. Die Meinung wird nur durch die Körperhaltung ausgedrückt.
- ☐ Bei Zustimmung steht man ebenfalls auf, bei Ablehnung bleibt man sitzen, bei „teils, teils" verharrt man auf halber Höhe.
- ☐ Es ist nicht immer einfach, alleine zu stehen oder zu sitzen – aber es stärkt das Selbstvertrauen.
- ☐ Im anschließenden Gespräch auch darauf eingehen, welche Werte viel, welche weniger Zustimmung hatten. Wer traut sich, seine Werte auch bei geringer Zustimmung zu vertreten? Warum ist das wichtig?

Karteikarte (M 7.5)

Mobbingskala

- ☐ Im Raum wird eine Tapetenrolle mit einer Mobbingskala von 0 bis 10 (0: kein Mobbing, 10: Mobbing) ausgelegt.
- ☐ An die Schüler werden Karten mit verschiedenen Aggressionsformen in Mobbingsituationen verteilt, zum Beispiel: „ein Kind verspotten", „über jemanden schlecht reden", „jemanden ausgrenzen/nicht mitspielen lassen", „einem Klassenkameraden etwas wegnehmen", „abwertende SMS verschicken", „treten", „stoßen".
- ☐ Diese Karten werden nach persönlicher Meinung des Einzelnen auf der Skala eingeordnet. Die Meinungsäußerung erfolgt durch Vorlesen der Aussage und anschließendem Ablegen der Zeichnungen, eine Begründung unterbleibt zunächst.
- ☐ Liegen alle Blätter auf dem Boden, haben die Teilnehmer gleichzeitig die Möglichkeit, die Blätter nach ihrer Meinung neu zu ordnen (ca. 2 bis 3 Min.); erfahrungsgemäß wird kein übereinstimmendes Endergebnis erzielt. Danach unterbricht der Lehrer und es wird über die unterschiedlichen Auffassungen diskutiert.
- ☐ Dabei werden die wichtigsten Merkmale von Mobbing mit den Schülern erarbeitet: Mobbing ist ein wiederholtes Schikanieren Schwächerer mit verschiedenen Methoden. Für die Lehrkraft ist es wichtig, die Definition von Mobbing zu beachten: Mobbing ist wiederholtes und systematisches Schikanieren Schwächerer mit dem Ziel, einen hohen sozialen Stand innerhalb der Gruppe zu erlangen und aufrechtzuerhalten.

Baustein 8:

Mobbing in meiner Klasse – kann Reden doch noch helfen?

B 8

BAUSTEINE

Thema:

Wahrnehmung und Nutzung persönlicher Handlungsspielräume der Lehrerinnen und Lehrer – Ergänzung des systematisch-analytischen Blicks

Intention:

Erweiterung des pädagogischen Handlungsspielraums durch Wahrnehmung individueller Besonderheiten und Nutzung persönlicher Erfahrungen mit den beteiligten Schülerinnen und Schülern

Materialien/Medien:

M 8.1 - Karteikarte: Das erste Gespräch mit dem Opfer – ein Beziehungssoziogramm erstellen

M 8.2 - Karteikarte: Mobbing – das geht uns alle an. Rekonstruktion eines (fiktiven) Mobbingfalls

M 8.3 - Kopiervorlage: Mobbing – nicht mit uns!

Bezug zu anderen Bausteinen:

Bausteine 4 und 7

Zeitrahmen:

nach Bedarf

Problemfeld:

Der Lehrer, Herr M., diskutiert engagiert gegen die Mehrheitsmeinung in der Klassenkonferenz einer 9. Klasse. Verhandelt wird über den verhaltensschwierig gewordenen Timo. Seine Aggressionen, die sich regelmäßig auf einen seiner Mitschüler richten, machen ihn in den Augen einiger Kolleginnen und Kollegen zum „Mobber". Herr M. will sich diesem Urteil nicht anschließen. Er hatte Timo schon in der 5. und 6. Klasse unterrichtet. Timo gehörte damals zwar zu den Schülern, die durch Störungen des Unterrichts auffielen, aber man konnte mit ihm reden. Er zeigte sich einsichtig, wirkte gegenüber seinen Mitschülern zugewandt. Unscharf zwar, aber in der Richtung eindeutig hat Herr M. den Schüler Timo als einen eher freundlichen Jungen in Erinnerung. Die Zuschreibung Mobber möchte er keineswegs gelten lassen.

Mobbing wird häufig übersehen oder zu spät erkannt. Im oben angeführten Beispiel liegt eventuell der umgekehrte Fall vor: es gibt mehr oder weniger gut begründete Zweifel daran, dass die Zuschreibung „Mobber" wirklich passt. Im Einzelfall muss man genau hinschauen und die verschiedenen Informationen und Eindrücke abwägen.

Der vorausgehende Baustein 7 untersucht Mobbingsituationen vor dem Hintergrund eines Rollenmodells. Modelle vereinfachen eine komplexe Realität, weil sie ausblenden, was unwichtig erscheint.[1] Dies kann vorteilhaft sein, weil die modellorientierte Analyse die Wahrscheinlichkeit erhöhen kann, eine schwierige soziale Situation als einen Mobbingfall zu erkennen. Außerdem schärft die modellorientierte Analyse den Blick für die beteiligten Gruppen. Rollenmuster organisieren die Wahrnehmung und helfen, Wichtiges von Unwichtigem zu unterscheiden.

Als Pädagogen haben Lehrerinnen und Lehrer jedoch oft auch eine Perspektive auf das Geschehen, die das Rollenmodell nicht eröffnet. Wahrnehmung und Interpretation des Verhaltens einzelner Schülerinnen und Schüler stützen sich auf Wissen und Erfahrungen, die im jahrelangen Umgang miteinander erworben wurden. So sieht Herr M. Timo nicht nur als potenziellen Täter, sondern als konkrete Person mit einer nicht in das Rollenmuster passenden Vergangenheit. Möglicherweise spielen gerade diese spezifischen erweiterten biografischen Kenntnisse eine Rolle für das pädagogische Engagement: So schnell gebe ich Timo nicht auf, so schnell verurteile ich ihn nicht als Mobber.

Dieses Involviertsein von Lehrerinnen und Lehrern ist Chance und Gefahr zugleich. Langjährige Erfahrungen im Umgang mit einzelnen Schülerinnen und Schülern können zum einen dazu führen, ein Ereignis, das nicht ins Bild passt, umzudeuten oder gar nicht erst wahrhaben zu wollen. Nähe kann „blind" machen. Sie kann aber auch dazu beitragen, Facetten einer Schülerpersönlichkeit zu erfassen, die durch die Brille modellorientierter Wahrnehmungen übersehen werden.

Der vorliegende Baustein versteht sich daher als Erweiterung zu Baustein 7. Das heißt nicht, dieser sei unvollständig. Vielmehr geht es darum, neben dem systematisch-analytischen Blick zusätzliche Wahrnehmungsspielräume für die Erfassung individueller Besonderheiten in Mobbingsituationen zu öffnen.

Ziele:

- Unsicherheit im Umgang mit Mobbingsituationen abbauen
- Persönliche Einflussmöglichkeiten erkennen, bewerten und pädagogisch nutzen
- Lehrerinnen und Lehrern Anregungen für das erste Gespräch mit dem Opfer und mit dem Täter geben
- Mobbing den Schülerinnen und Schülern als Herausforderung für alle verdeutlichen

Zwischen Früherkennung und worst case

Wenn Sie eine Mobbingsituation frühzeitig wahrnehmen, werden Sie nicht von Anfragen von außen, z.B. der Eltern oder der Schulleitung, überrascht. Sie stehen nicht unter diesem Druck, sondern befinden sich in einer offensiven Situation (siehe Baustein 7).

Anders stellt sich die Situation dar, wenn Sie von Mitschülern, Eltern, Kollegen, über die Schulleitung oder von jemand Außenstehendem erfahren, eine Schülerin oder ein Schüler Ihrer Klassen werde gemobbt. Sie sehen sich möglicherweise mit der vorwurfsvollen Frage konfrontiert, warum Ihnen nichts aufgefallen sei. Möglicherweise erwartet man umgehendes Handeln und schnelle Erfolge.

Gerade führungsstarke Lehrerinnen und Lehrer, die es gewohnt sind „ihre Klasse im Griff zu haben", kann diese Situation verunsichern. Außerdem ist es wahrscheinlich, dass die nicht aktiv beteiligten Schüler Mobbingsituationen auch deshalb zulassen, weil sie die Führung des Lehrers akzeptieren und annehmen: „Wenn er nicht eingreift, kann es ja nicht so schlimm sein." Umgekehrt heißt das, die Schüler erwarten, dass der Lehrer zuerst eingreift. So geraten Sie in eine schwierige Situation, in der spontane Reaktionen nicht angemessen sind:

- ☐ Appellieren Sie an das Mitgefühl der Mitschüler, setzen Sie sich dem Vorwurf des pädagogischen Langweilers aus.
- ☐ Schreiten Sie konsequent ein, verstärken sie möglicherweise die Motive der Täter.
- ☐ Wenn Sie nichts unternehmen, werden Sie ungewollt vielleicht zum Verstärker des aggressiven Verhaltens: „Wenn der Lehrer/die Lehrerin nichts tut, dann können wir so weitermachen!"

In diesem Falle sollten Sie zunächst Ihre Gedanken und Emotionen prüfen:

- ☐ Wie konnte das in meiner Klasse geschehen, ohne dass ich etwas bemerkt habe?
- ☐ Wie geht es mir mit der Situation?
- ☐ Welche Möglichkeiten habe ich, einzugreifen? (siehe auch Baustein 7)

Die vorliegenden Anregungen sollen Sie dabei unterstützen, sich an den Fall behutsam heranzutasten.

Das Gespräch mit dem Opfer — Material 8.1, S. 108

Ein erstes Gespräch mit dem Opfer kann dazu beitragen, dass es die soziale Dynamik von Mobbingprozessen besser versteht (vgl. Baustein 7). Das vermindert die Wahrscheinlichkeit, dass es Schuld bei sich selbst sucht. Außerdem fühlt sich das Opfer dann weniger alleingelassen. Es realisiert, die Schule nimmt wahr, was geschieht und ist bereit einzugreifen. Dass dieses Gespräch ohne Zeitdruck und in einem geschützten Raum stattfinden sollte, dürfte sich von selbst verstehen. Im Gespräch sollten Sie Verständnis und Wertschätzung zum Ausdruck bringen.

- ☐ Der erste Schritt: Klären, was geschehen ist
  Zusammen mit dem Opfer gilt es zu klären, was im konkreten Mobbingfall geschehen ist, wer daran beteiligt war und wie die Mitschüler reagiert haben. Veranschaulicht werden kann das Geschehen durch ein Beziehungssoziogramm, das den Vorteil hat, einen Perspektivenwechsel mittels der eingesetzten Symbole zu ermöglichen. Die Anordnung der Symbole und die Benennung von Rollen tragen dazu bei, dass das Opfer Mobbing als Gruppenphänomen erkennt (siehe Baustein 7). Diese Objektivierung der Situation kann das Opfer von eigenen Schuld- oder Versagensgefühlen entlasten (siehe Karteikarte 8.1, S. 108).

- ☐ Der zweite Schritt: Motive ergründen
  Die Auseinandersetzung mit möglichen Motiven des Täters hilft dem Opfer, die Denkweise des Täters zu durchschauen. Leitfragen dafür könnten sein:
  - ☐ Was macht den Reiz des Mobbings gegen das Opfer aus?
  - ☐ Strebt der Täter nach Machterhalt, Belustigung, Anerkennung?
  - ☐ Was denkt wohl der Täter, wenn er dich mobbt?
  - ☐ Wie fühlt er sich, wenn er dich mobbt?
  - ☐ Welche Reaktionen von dir freuen ihn wohl am meisten?
  - ☐ Wie würde er reagieren, wenn du ihm Folgendes sagst: ...?

- Der dritte Schritt: Der Blick auf sich selbst

Auch wenn die Schuld beim Mobbing immer auf der Täterseite liegt, kann es dem Opfer im Einzelfall doch helfen, eigene Ressourcen zur Veränderung seiner Situation zu erkunden. Fragen für eine behutsame Selbsterforschung könnten sein:

  - Wie reagiere ich?
  - Was bewirke ich damit bei den anderen?
  - Bin ich wütend, verzweifelt? Habe ich Angst?
  - Wie sehe ich die Wirkung meiner Reaktion auf die Klasse?
  - Schätze ich die Wirkung meiner Reaktion auf die Klasse falsch ein?

- Mögliche Intensivierung: „Ich als Verhaltensforscher"

Zum weiteren Kennenlernen der Situation und des eigenen Umgangs mit ihr kann auch eine kleine Verhaltenserforschung durchgeführt werden.

Der Schüler wird gebeten, eine Woche lang zu beobachten und zu protokollieren. Er wählt dazu an jedem Schulvormittag zwei Situationen und fertigt zu Hause ein Protokoll an: Was hat der andere gemacht? Wie habe ich reagiert? Was war die Folge?

Wichtig kann sein, mit dem Jugendlichen vorher eine Liste möglicher Reaktionsweisen zusammenzustellen, die auch paradox und überraschend sein können. Nach vier bis fünf Tagen wertet der Lehrer bzw. die Lehrerin zusammen mit dem Schüler die Protokolle aus. Dabei können sich Anhaltspunkte für mögliche Gegenreaktionen ergeben.

Manchmal nützlich – ein Versuch im Guten beim Täter

Das Gespräch mit dem Täter oder der Täterin soll ihm/ihr klar vor Augen führen, dass das Verhalten in der Schule nicht geduldet wird. Man wird dem Täter nur in den seltensten Fällen seine Ziele ausreden können, denn die Täterrolle gilt als sehr stabil. Wenn man annimmt, dass der Täter sich des Schadens, den er mit seinem Verhalten anrichtet, bisher nicht bewusst war, kann ein Versuch im Guten sinnvoll sein.

Durch wiederholten Perspektivenwechsel sollte der Täter mit den möglichen Folgen seines Handelns konfrontiert werden: „Stell' dir vor, du wärest das Opfer, wie würdest du dich fühlen? Welche Gedanken würden dir durch den Kopf gehen?"

Da Täter das Opfer oft in die „Schuldigenecke" drängen, muss immer wieder darauf hingewiesen werden, dass hier nur das Verhalten und nicht die Person im Vordergrund steht. Es geht um Normüberschreitung beim Täter, nicht um Eigenschaften des Opfers. Wenn es gelingt, die psychische Situation des Täters zu thematisieren, dann besteht die Möglichkeit, ihm Entlastung vorzuschlagen. Bei einem Aggressionsdruck können kathartische Ersatzhandlungen vorgeschlagen werden: Stoppsignal in der Situation, Boxsack, Joggen usw., bei Schwierigkeiten im persönlichen Umfeld, Möglichkeiten der Unterstützung eröffnen.

Allerdings sollte dem Täter auch klar vor Augen geführt werden, dass Konsequenzen notwendig sind, zum Beispiel:

- Eine schriftliche Entschuldigung beim Opfer, eventuell auch bei den Eltern des Opfers; Entwurf und endgültige Fassung der Entschuldigung müssen mit dem Lehrer/der Lehrerin besprochen werden.
- Die Eltern des Täters informieren; dafür muss der Täter eine schriftliche Darstellung seiner Verfehlungen vorlegen und nach Absprache mit dem zuständigen Lehrer ausarbeiten.
- Täter verbringt Pause(n) im Büro des Schulleiters.
- Klassenausschluss für einige Tage, Versetzung in eine andere Klasse oder Schule androhen und konsequent umsetzen.

Dem Täter muss deutlich gemacht werden, dass er es ist, der gehen muss, wenn sich sein Verhalten nicht ändert. Die Sanktionierung allein bringt meist nur kurzfristige Erfolge; es muss zusätzlich auf das den Täter stützende System in der Klasse Einfluss genommen werden. Ziel ist es, dem Täter die Anerkennung für sein Verhalten zu entziehen.

Ehe es zu spät ist – Mobbing als Thema für die Klasse Material 8.2, 8.3, S. 108, 109

Bereits im vorhergehenden Baustein wurde darauf hingewiesen, dass die Nennung konkreter Personen im Gespräch mit der Klasse dazu führen kann, die Situation eher zu verschlimmern. Das Opfer fühlt sich vor allen bloßgestellt, der Täter triumphiert, weil er es geschafft hat, im Mittelpunkt der Aufmerksamkeit zu stehen.

Um bei konkreten Mobbingfällen in der Klasse Verbündete für das Opfer gewinnen zu können, ist es wünschenswert, das Problem Mobbing zu behandeln, ehe es auftritt. Dann sind alle noch hinreichend distanziert, können etwas über das soziale Geschehen lernen und sich ohne bereits vorhandene persönliche Bindungen und Urteile eine Vorstellung über angemessenes Verhalten machen.

Aber auch dann, wenn Mobbing stattfindet, kann es hilfreich sein, die Klasse mit der Sichtweise von Mobbing als einem schwerwiegenden sozialen Problem vertraut zu machen. Die Namen der Beteiligten sollten jedoch nicht genannt werden. Dennoch ist zu vermuten, dass die Klasse durchaus weiß, warum das Thema Mobbing aufgegriffen wird. Manche Jugendliche werden dies aber als Handlungshilfe wahrnehmen.

Letztlich müssen Sie als Lehrerin bzw. Lehrer aufgrund Ihrer speziellen Kenntnisse der einzelnen Schülerinnen und Schüler und der Klasse sowie unter Beachtung der im Baustein 7 genannten Risiken entscheiden, ob die folgenden Anregungen die Situation verbessern können.

- Mobbing verstehen – Was geschieht beim Mobbing?
  Anhand eines fiktiven Falls, zum Beispiel aus der Literatur, den der Lehrer vorträgt oder der als Text vorliegt, kann die Dynamik in einem Mobbingfall analysiert werden (siehe Material 8.2, S. 108).
  Falls Namen von Schülern/Schülerinnen in der Klasse fallen sollten, muss die Lehrkraft darauf hinweisen, es gehe nicht um einzelne Personen, sondern um Verhaltensweisen.

- Gegen Mobbing angehen – mögliche Umgangsweisen erarbeiten
  Die Schüler finden sich in Untergruppen zusammen und beraten, was sie der jeweiligen Gruppe, die am Mobbingfall beteiligt ist, raten würden (siehe Material 8.3, S. 109).
  Dabei ist unbedingt darauf zu achten, dass bei einem aktuellen Mobbingfall nicht die Subgruppen in der Klasse als Arbeitsgruppen zusammenfinden.
  Es gibt also jeweils eine Gruppe, die das Opfer berät, eine für die Außenstehenden, eine für die Verstärker usw. Als Hilfe bekommt jede Gruppe ein Arbeitsblatt, auf dem typische Rollen beim Mobbing beschrieben werden (siehe Material 8.3, S. 109).
  Am Ende der Arbeitsphase präsentiert jede Gruppe ihre Ergebnisse auf Plakaten. Gemeinsam überlegen die Jugendlichen der Klasse anschließend Maßnahmen, die sie ergreifen würden, um Täter dazu zu bringen, das Mobben zu beenden.

Anmerkung

1 Stachowiak, H. (1980) (Hrsg.): Modelle und Modelldenken im Unterricht, Bad Heilbrunn

M 8.1
M 8.2

MATERIALBOGEN

Karteikarte (M 8.1)

Das erste Gespräch mit dem Opfer – ein Beziehungssoziogramm erstellen

- ☐ Geeignet sind längliche und runde Bauklötze in verschiedenen Größen und Farben.
- ☐ Begonnen wird mit der Aufstellung von Täter und Opfer im Zentrum.
- ☐ Fragen nach Beteiligten, Aktionen, Reaktionen in der Klasse führen zur Benennung einzelner Rollen und Rollenträger.
- ☐ Die Rollenträger werden einzeln oder in Gruppen deutlich voneinander getrennt aufgestellt.
- ☐ Mit beschrifteten Kärtchen, die man zu den Personen legt, können die Rollen bezeichnet werden (Opfer, Täter, Außenstehende, mögliche Unterstützer für das Opfer, Mitläufer, Unterstützer des Täters).

Karteikarte (M 8.2)

Mobbing – das geht uns alle an. Rekonstruktion eines (fiktiven) Mobbingfalls

- ☐ Lehrerin/Lehrer beschreibt der Klasse einen fiktiven Mobbingfall (aus der Literatur, siehe S. 107; als mündlichen Bericht, als kurzen Text).
- ☐ Rekonstruktion des Falles: Auf einem Wand- oder Bodenplakat werden zunächst einzelne Blätter mit den (fiktiven) Namen der „Täter“ und „Opfer“ ausgelegt.
- ☐ Fragen nach Beteiligten, Aktionen, Reaktionen in der Klasse führen zur Benennung weiterer Personen oder Personengruppen aus der fiktiven Geschichte.
- ☐ Diese Namen werden ebenfalls auf einzelne Blätter geschrieben; die Blätter werden einzeln oder in Gruppen deutlich voneinander getrennt ausgelegt.
- ☐ Mit beschrifteten Kärtchen, die man zu den Personen legt, können die Rollen bezeichnet werden (Opfer, Täter, Außenstehende, mögliche Unterstützer für das Opfer, Mitläufer, Unterstützer des Täters).

Kopiervorlage (M 8.3)

M 8.3

Mobbing – nicht mit uns!

Beim Mobben kann sich niemand raushalten.
Es gibt nicht nur Täter und Opfer, sondern auch Verstärker und Assistenten des Täters. Auch scheinbar Außenstehende sind nicht unbeteiligt: ihr Nichtstun kann die Täter bestärken.

Ihr habt einen Mobbingfall berichtet bekommen. Stellt euch vor, ihr hättet die Aufgabe, den Mobbingfall zu unterbinden. Was würdet ihr den Beteiligten empfehlen?

Besprecht in eurer Gruppe für die einzelnen Rollen, was ihr empfehlen würdet. Einigt euch für jede Rolle auf drei Empfehlungen und schreibt sie auf.

Das Opfer

Wie fühlt sich das Opfer?

Was würdet ihr dem Opfer raten?

Die Assistenten des Täters

Sie helfen dem Täter, zum Beispiel halten sie das Opfer fest.

Wie könnte man die Assistenten überzeugen, gegen das Verhalten des Täters zu sein?

Die Verteidiger des Opfers

Verteidiger treten für das Opfer ein.

Sie lassen nicht zu, dass in der Klasse schikaniert wird.

Sie schützen das Opfer, zum Beispiel auf dem Nachhauseweg.

Sie bemühen sich darum, ihre Gruppe zu vergrößern.

Wie könnten Verteidiger helfen?

Die Verstärker des Täters

Sie mobben nicht selbst, aber sie unterstützen den Täter, zum Beispiel durch Lachen, Anfeuern.

Was könnte den Täter noch unterstützen?

Wie könnte man die Mitläufer überzeugen, gegen das Verhalten des Täters zu sein?

Die Außenstehenden

Sie machen nicht mit, aber sie bestärken doch den Täter, weil sie Mobbing dulden.

Außerdem kann der Täter ihr Schweigen als heimliche Zustimmung verstehen.

Wie könnte man die Außenstehenden überzeugen, gegen Mobbing einzuschreiten?

B 9

BAUSTEINE

Baustein 9:

Wie nehmen Ihre Schüler Sie wahr? Schüler-Feedback nutzen

Thema:

Schülerperspektiven zum Lehrerverhalten und Lernklima
in den Klassenstufen 5 - 7

Intention:

Kennenlernen und reflektieren der Schülerwahrnehmungen zum Erklären, zur Unterrichtsgestaltung und zum persönlichen Verhalten

Fachbezug:

alle Fächer in den Klassenstufen 5 - 7

Materialien/Medien:

M 9.1 - Kopiervorlage: Fragebogen zum Üben

M 9.2 - Kopiervorlage: Fragebogen „Erklären"

M 9.3 - Kopiervorlage: Fragebogen „Unterrichtsgestaltung"

M 9.4 - Kopiervorlage: Fragebogen „Persönliche Eigenschaften"

M 9.5 - Karteikarte: Datenreflexion in drei Phasen

M 9.6 - Karteikarte: Umgang mit Fremd- und Eigendaten

M 9.7 - Karteikarte: Modifikation des eigenen Verhaltens

Bezug zu anderen Bausteinen:

Bausteine 10 und 11

Zeitrahmen:

Zwei Unterrichtsstunden innerhalb von zwei Wochen

Problemfeld:

Martina S., eine erfahrene und engagierte Englischlehrerin in der Unterstufe einer Realschule hat seit Schuljahresbeginn den Eindruck, dass sie die Schülerinnen in der Klasse nicht so erreicht, wie sie es pädagogisch für notwendig hält. Die Mädchen halten sich zurück und nehmen wenig am Unterrichtsgeschehen teil. Fragen stellen sie kaum. Nach mehreren ausführlichen und zeitraubenden Gesprächen wird deutlich, dass das ritualisierte Ausfragen zu Beginn der Unterrichtsstunde mit Notenvergabe die Mädchen verängstigt. Mit dieser Information kann die Lehrerin nun ihre mündlichen Leistungskontrollen den Bedürfnissen der Schülerinnen anpassen. Jetzt hängt eine Liste aus, in der sich die Schülerinnen und Schüler eintragen können. Bei überraschendem Ausfragen wird das Prinzip der ‚zweiten Chance' angewandt.

Die Lehrerin hat sich darum bemüht, die Gründe für das unbefriedigende Unterrichtsklima zu erkennen. Die in diesem Baustein präsentierten Fragebogen ermöglichen Ihnen, gezielt Schüler-Feedback einzuholen. Dies kann Ihnen helfen, das Lern-, Lehr- und Klassenklima förderlich zu gestalten. Helmut Fend u.a. haben empirisch nachweisen können, dass die Beziehungskultur in der Schule eine wichtige Rolle in Bezug auf Leistungsbereitschaft und Qualität des Schulklimas spielt.

„Die Beziehungskultur in der Gestalt des empfundenen Einbezugs in den schulischen Lebens- und Lernprozess und des Vertrauens und der Fürsorglichkeit wirkte sich nachweislich positiv auf die Haltungen zur Schule aus. Die damit gleichzeitig indizierte Gesprächskultur stand in deutlichem Zusammenhang mit der Schulfreude bzw. der Schulverdrossenheit der Schüler. Hier wurde für mich erstmals überdeutlich sichtbar, welche Bedeutung der Beziehungspflege im ‚pädagogischen Geschäft' zukommt. Das Gefühl, in den schulischen Lebens- und Lernprozess positiv eingebunden zu sein, die Wahrnehmung von Wohlwollen und Fürsorge (Amerikaner nennen dies ‚caring') korrelierte mit Haltungen des Vertrauens den Lehrern gegenüber und einer Zuwendung zur Schule. Schon in dieser Forschungsphase hat sich schließlich gezeigt, dass die Leistungsbereitschaft der Schüler nicht schon allein durch emotionales Zuwendungsverhalten der Lehrer positiv beeinflusst werden kann. Anforderungen müssen eigens abgesichert werden, sie ergeben sich nicht ‚automatisch' durch ein positives emotionales Klima."[1]

Ziele:

- Verbesserung des Lern- und Klassenklimas durch Schüler-Feedback
- Erklär- und Unterrichtsverhalten der Lehrerinnen und Lehrer aus der Schülerperspektive reflektieren
- Informationen über die Wirkung des eigenen Verhaltens im Unterricht gewinnen
- Detailwissen für gezielte Gespräche mit der Klasse sammeln

Kann man Schüler in diesem Alter standardisiert befragen?

Wenn man Kinder und Jugendliche als Experten ihres privaten und schulischen Lebens ernst nimmt, sollte man auch ihre Sichtweisen einbeziehen.[2]

Um diese Informationen ökonomisch zu erhalten, muss man Kinder und Jugendliche standardisiert befragen. Geht das auch in diesem Alter?

„Es besteht Einigkeit darüber, dass standardisierte Befragungen von Kindern erst ab einer bestimmten Altersstufe möglich und sinnvoll sind. Da ... standardisierte Befragungen nicht für alle Themen und Inhalte geeignet sind und allgemein bei dieser Befragungsform auch nur das erfasst wird, was ‚in den Rahmen' passt, wurden in der Kindheitsforschung quantitative Befragungen meist mit qualitativen Erhebungen kombiniert. Es gibt sicher einen Unterschied zwischen Kinder- und Erwachsenenbefragungen, als hinsichtlich der Auswahl der Inhalte, der Frageformulierungen und des konkreten Befragungskontextes altersspezifische Voraussetzungen zu beachten sind. Es gibt aber bisher keinen Hinweis aus der vorliegenden Forschung, dass bei Beachtung dieser altersspezifischen Voraussetzungen Kinder im Vergleich zu Erwachsenen unzuverlässigere Informanten sind."[3]

Wichtig ist eine umsichtige Interpretation von Daten. Ein Erhebungsinstrument kann niemals die ganze ,Wahrheit' einer Interaktion bzw. einer Beziehungsstruktur erfassen. Insbesondere die gemeinsame Interpretation von Ergebnissen durch die Lehrkräfte und die Schüler vermeidet zu kurz greifende und vorschnelle Einschätzungen.

Auswahl und Entwicklung der Items

Die Befragung von Kindern und Jugendlichen bedarf einer sorgfältigen Entwicklung der Items. Diese wurden in einem gemeinsamen Projekt der Stiftung Bildungspakt Bayern und des Lehrstuhls für Grundschulpädagogik und -didaktik an der Ludwig-Maximilians-Universität München erarbeitet.

Dafür wurden zunächst 60 Gruppeninterviews durchgeführt und 1.400 Schüler schriftlich mit folgenden Items befragt:

- Wie muss dein Lehrer/deine Lehrerin sein, damit du gut lernen kannst?
- Was macht dein Lieblingslehrer/deine Lieblingslehrerin, damit du dem Unterricht gut folgen kannst?
- Wie muss ein Unterricht sein, damit du gut lernen kannst und vieles verstehst

Die Aussagen der Schüler wurden kategorisiert und als Grundlage für die Itementwicklung genutzt; 60 Lehrkräfte aus zehn weiterführenden Schulen haben die Formulierungen der Items nach Verständlichkeit für die Schüler und Akzeptanz bei den Lehrerinnen und Lehrern überprüft und sie teilweise modifiziert.

Feedback in drei Phasen

Material 9.1 - 9.5, S. 114–118

Kann man denn Schülerinteressen und -wünsche vollständig erfüllen? Selbstverständlich kann man die Wünsche der Schülerinnen und Schüler oft nicht ohne Anpassung an übergreifende Ziele erfüllen. Aber darum geht es auch nicht. Nicht die Summe der Einzelwünsche, sondern die pädagogische Gestaltung eines für alle angemessenen Klassen- und Lernklimas ist wesentlich und dazu kann jeder Schüler mit Hilfe des Fragebogens und des anschließenden Auswertungsgespräches etwas beitragen.

Um eine realistische Einschätzung des aktuellen Klassen- und Unterrichtsklimas zu erreichen, empfehlen wir Ihnen drei Reflexionsphasen:

1. Phase:	Durchführung und persönliche Interpretation einer standardisierten Befragung durch die betreffende Lehrkraft (siehe Fragebogen 9.1 - 9.4)
2. Phase:	Diskussion der Ergebnisse mit der befragten Klasse (siehe Karteikarte 9.5)
3. Phase:	Diskussion der Konsequenzen mit anderen Fachleuten z.B. Fachbetreuer, Schulpsychologen und andere Klassenlehrkräfte, siehe Karteikarte 9.5)

Feedback in drei Phasen

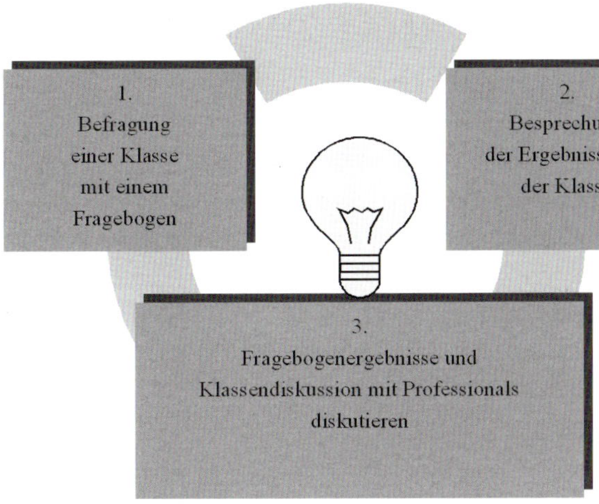

Umgang mit Schüler- und Lehrerdaten

Material 9.6, S. 118

Schüler wollen mehrheitlich wie Erwachsene ihre Fragebogen anonym ausfüllen. Allerdings gibt es immer wieder Schülerinnen und Schüler, die ausdrücklich ihren Namen auf dem Fragebogen vermerken wollen. Im Einzelfall müssen Sie entscheiden, was angemessen und praktikabel ist.

Die ausgewerteten Fragebogenergebnisse, also die Lehrerdaten, können, müssen aber nicht alle der Klasse mitgeteilt werden. Von der Sache her notwendig ist es, jene Daten mitzuteilen, über die man mit der Klasse diskutieren will. Eine schriftliche Veröffentlichung nützt dem Anliegen nicht. Wichtig ist, dass man der Klasse vor der Befragung mitteilt, wie man mit den Daten umgehen will. Auf der Karteikarte 9.6, S. 118, finden Sie dafür eine stichwortartige Zusammenfassung zum Umgang mit den Schüler- und Lehrerdaten.

Schrittweise Modifikation des eigenen Verhaltens

Material 9.7, S. 119

Die Fragebogen erbringen eine Fülle von Daten für die Lehrerinnen und Lehrer. Oft werden Sie überwiegend positiv von den Schülerinnen und Schülern eingeschätzt. Freuen Sie sich darüber. Auch das macht den Sinn dieses Reflexionsinstrumentes aus.

Aber auch dann, wenn Sie ein Feedback erhalten, das Ihnen Änderungsbedarf signalisiert, sollten Sie sich nicht zu viel vornehmen. Auf der Karteikarte M 9.7 erhalten Sie einige Tipps für die Auswahl zielgerichteter Veränderungsvorhaben. Auch wenn Ihnen dies zunächst eher wenig erscheint: wenn Sie den Fragebogen zehn Jahre lang einsetzen und immer nur ein Veränderungsvorhaben durchführen, dann verändern Sie sich in zehn für Ihre Schüler wichtigen Bereichen.

Anmerkungen

1 Fend, H. (1998): Qualität im Bildungswesen. Schulforschung zu Systembedingungen, Schulprofilen und Lehrerleistung. Weinheim, S. 82

2 Heinzel, F. (1997): Qualitative Interviews mit Kindern. In: Friebertshäuser B./Prengel, A. (Hrsg.): Handbuch qualitative Forschungsmethoden in der Erziehungswissenschaft. Weinheim, S. 396-413

3 Lipski, J. (1998): Kindern eine Stimme geben. In: Zeitschrift für Sozialisationsforschung und Erziehungssoziologie, 18. Jahrgang, Heft 4, S. 403 - 422. (Lipski bezieht sich auf ein Mindestalter von acht Jahren.)

M 9.1

MATERIALBOGEN

Kopiervorlage* (M 9.1)

Wie füllt man einen Fragebogen aus? Einmal zum Üben

Liebe Schülerin, lieber Schüler,
die Art und Weise wie Lehrerinnen und Lehrer erklären und den Unterricht gestalten, ist für das Lernen sehr wichtig. Ich will heute wissen, wie ihr mein Erklärverhalten, meine Unterrichtsgestaltung und mich persönlich als Lehrer/Lehrerin einschätzt, damit ich meinen Unterricht - wenn möglich - in eurem Sinne verbessern kann.

Hier kannst du üben, wie der Fragebogen zu verstehen ist:
Du siehst drei Aussagen, die du einschätzen musst. Entscheide dich, ob die Aussage über deinen Lehrer/ deine Lehrerin für dich sehr oft stimmt, oft stimmt, nur manchmal stimmt oder ganz selten stimmt. Kreuze jeweils an. Wenn du Fragen hast, wende dich an deinen Lehrer/deine Lehrerin.

	Welche der folgenden Aussagen stimmen deiner Ansicht nach sehr oft, oft, manchmal oder selten?	sehr oft	oft	manch-mal	selten
1	Meine Lehrerin/mein Lehrer ist gut gelaunt.	☐	☐	☐	☐
2	Meine Lehrerin/mein Lehrer gibt zu viele Hausaufgaben auf.	☐	☐	☐	☐
3	Meine Lehrerin/mein Lehrer ist in der Schule bunt gekleidet.	☐	☐	☐	☐

Und jetzt fülle die richtigen Fragebogen aus.

* Die Fragebogen wurden in einem Kooperationsprojekt der Stiftung Bildungspakt Bayern und der Abteilung Schul- und -Unterrichtsforschung der Ludwig-Maximilians-Universität München entwickelt.

Kopiervorlage (M 9.2)

M 9.2

MATERIALBOGEN

Datum: ______________________ Ich bin ein Junge ☐ Ich bin ein Mädchen ☐

Achte immer darauf, in einer Zeile zu bleiben.

Erklären

Welche der folgenden Aussagen stimmen deiner Ansicht nach sehr oft, oft, manchmal oder selten?	sehr oft	oft	manch-mal	selten
1 Meine Lehrerin/mein Lehrer erklärt gut.	☐	☐	☐	☐
2 Meine Lehrerin/mein Lehrer verwendet beim Erklären gute Beispiele.	☐	☐	☐	☐
3 Meine Lehrerin/mein Lehrer verwendet Fremdwörter, die ich nicht verstehe.	☐	☐	☐	☐
4 Meine Lehrerin/mein Lehrer erklärt so ausführlich, dass ich mich langweile.	☐	☐	☐	☐
5 Meine Lehrerin/mein Lehrer erklärt so schnell, dass ich nicht mitkomme.	☐	☐	☐	☐
6 Meine Lehrerin/mein Lehrer achtet darauf, dass kein Schüler ausgelacht wird, wenn er Fragen stellt.	☐	☐	☐	☐
7 Meine Lehrerin/mein Lehrer ist geduldig, wenn wir schwierige Dinge nicht gleich verstehen.	☐	☐	☐	☐
8 Wenn ich Fragen habe, dann geht meine Lehrerin/mein Lehrer darauf ein.	☐	☐	☐	☐
9 Bei meiner Lehrerin/meinem Lehrer habe ich im Unterricht Angst, Fragen zu stellen.	☐	☐	☐	☐
10 Meine Lehrerin/mein Lehrer spricht so deutlich, dass ich sie/ihn gut verstehe.	☐	☐	☐	☐
11 Meine Lehrerin/mein Lehrer erklärt Stoff den schwachen Schülern gerne mehrmals.	☐	☐	☐	☐
12 Meine Lehrerin/mein Lehrer fragt uns immer wieder, ob wir noch Fragen haben.	☐	☐	☐	☐
13 Meine Lehrerin/mein Lehrer erlaubt es, dass mein Nachbar mir hilft, wenn ich etwas nicht verstehe.	☐	☐	☐	☐
14 Meine Lehrerin/mein Lehrer schreibt undeutlich.	☐	☐	☐	☐

Folgendes ist mir noch ganz besonders wichtig zu sagen:

____

____

____

Der Fragebogen wurde in einem Kooperationsprojekt der Stiftung Bildungspakt Bayern und der Abteilung Schul- und -Unterrichtsforschung der Ludwig-Maximilians-Universität München entwickelt.

M 9.3

MATERIALBOGEN

Kopiervorlage (M 9.3)

Datum: ______________________ Ich bin ein Junge ☐ Ich bin ein Mädchen ☐

Achte immer darauf, in einer Zeile zu bleiben.

Unterrichtsgestaltung

	Welche der folgenden Aussagen stimmen deiner Ansicht nach sehr oft, oft, manchmal oder selten?	sehr oft	oft	manch-mal	selten
1	Meine Lehrerin/mein Lehrer sorgt im Unterricht für die nötige Ruhe und Disziplin.	☐	☐	☐	☐
2	Meine Lehrerin/mein Lehrer gestaltet den Unterricht abwechslungsreich.	☐	☐	☐	☐
3	Meine Lehrerin/mein Lehrer gibt zu viele Hausaufgaben auf.	☐	☐	☐	☐
4	Bei meiner Lehrerin/meinem Lehrer lerne ich viel.	☐	☐	☐	☐
5	Meine Lehrerin/mein Lehrer gestaltet den Unterricht interessant.	☐	☐	☐	☐
6	Meine Lehrerin/mein Lehrer macht im Unterricht zu viel Druck.	☐	☐	☐	☐
7	Meine Lehrerin/mein Lehrer nimmt uns ernst und interessiert sich für unsere Meinung.	☐	☐	☐	☐
8	Meine Lehrerin/mein Lehrer geht mit dem Stoff zu schnell voran.	☐	☐	☐	☐
9	Im Unterricht müssen wir bei meiner Lehrerin/meinem Lehrer zu viel schreiben.	☐	☐	☐	☐
10	Der Unterricht meiner Lehrerin/meines Lehrers ist langweilig.	☐	☐	☐	☐
11	Der Unterricht meiner Lehrerin/meines Lehrers macht Spaß.	☐	☐	☐	☐
12	Meine Lehrerin/mein Lehrer wiederholt den Stoff und lässt uns im Unterricht üben.	☐	☐	☐	☐

Folgendes ist mir noch ganz besonders wichtig zu sagen:

____

____

____

____

____

____

Der Fragebogen wurde in einem Kooperationsprojekt der Stiftung Bildungspakt Bayern und der Abteilung Schul- und -Unterrichtsforschung der Ludwig-Maximilians-Universität München entwickelt.

Kopiervorlage (M 9.4)

M 9.4

Datum: ______________________ Ich bin ein Junge ☐ Ich bin ein Mädchen ☐

Achte immer darauf, in einer Zeile zu bleiben.

Persönliche Eigenschaften

	Welche der folgenden Aussagen stimmen deiner Ansicht nach sehr oft, oft, manchmal oder selten?	sehr oft	oft	manch-mal	selten
1	Meine Lehrerin/mein Lehrer ist geduldig.	☐	☐	☐	☐
2	Meine Lehrerin/mein Lehrer hilft mir im Unterricht, wenn ich etwas nicht verstehe.	☐	☐	☐	☐
3	Meine Lehrerin/mein Lehrer ist bei der Notenvergabe gerecht.	☐	☐	☐	☐
4	Meine Lehrerin/mein Lehrer schreit im Unterricht Schüler an, so dass man Angst bekommt.	☐	☐	☐	☐
5	Meine Lehrerin/mein Lehrer kann sich durchsetzen.	☐	☐	☐	☐
6	Meine Lehrerin/mein Lehrer bevorzugt bestimmte Schüler/Schülerinnen.	☐	☐	☐	☐
7	Meine Lehrerin/mein Lehrer ist zu streng.	☐	☐	☐	☐
8	Meine Lehrerin/mein Lehrer flippt aus, wenn ein Schüler etwas falsch gemacht hat.	☐	☐	☐	☐
9	Meine Lehrerin/mein Lehrer ruft im Unterricht gerecht auf.	☐	☐	☐	☐
10	Meine Lehrerin/mein Lehrer wird unfreundlich, wenn wir viel fragen.	☐	☐	☐	☐
11	Meine Lehrerin/mein Lehrer ist nett.	☐	☐	☐	☐
12	Meine Lehrerin/mein Lehrer ist humorvoll.	☐	☐	☐	☐

Folgendes ist mir noch ganz besonders wichtig zu sagen:

____

____

____

____

____

____

____

Der Fragebogen wurde in einem Kooperationsprojekt der Stiftung Bildungspakt Bayern und der Abteilung Schul- und -Unterrichtsforschung der Ludwig-Maximilians-Universität München entwickelt.

MATERIALBOGEN

Karteikarte (M 9.5)

Datenreflexion in drei Phasen

Wählen Sie aus den drei Fragebogen einen aus. Vermeiden Sie die Versuchung, alle drei gleichzeitig einzusetzen. Sie erhalten dann zu viele Daten, die Sie nicht sinnvoll nutzen können.

1. Phase: Befragung der Schüler mit einem Fragebogen und erste persönliche Reflexion

- Werten Sie den Bogen persönlich aus und reflektieren Sie die Ergebnisse.
- Entscheiden Sie, ob Sie Ihre Stärken ausbauen oder Schwächen reduzieren wollen.
- Suchen Sie sich maximal vier Items aus, über deren Ergebnisse Sie mit der Klasse sprechen wollen.

2. Phase: Sprechen Sie mit der Klasse über ausgewählte Ergebnisse

- Fragen Sie nach, was die Schüler genau gemeint haben.
- Lassen Sie sich Beispiele erzählen.
- Ermuntern Sie die Schüler, konkrete Vorschläge für eine Veränderung zu machen.
- Klären Sie, ob auch die Schüler bereit sind, ihren Teil für eine Veränderung zu übernehmen.

3. Phase: Diskutieren Sie mit anderen Fachleuten die Veränderungsmöglichkeiten

- Stellen Sie die Fragebogenergebnisse und die Ergebnisse aus der Klassendiskussion vor.
- Holen Sie Tipps und Rat ein.
- Diskutieren Sie Überforderungsgefahren bei konkreten Veränderungsplänen.
- Sie können sich auch an den Vorschlägen zur kollegialen Fallbesprechung orientieren (siehe Baustein 10, S. 120 ff.).

Karteikarte (M 9.6)

Umgang mit Fremd- und Eigendaten

1. Anonymisieren Sie die Befragung

- Lassen Sie keine Namen auf die Fragebogen schreiben.
- Lassen Sie die offenen Fragen möglichst in Druckschrift ausfüllen.
- Lassen Sie die Klassensprecher die Bogen einsammeln und durchmischen.
- Rechnen Sie damit, dass Schüler doch ihren Namen auf den Bogen schreiben oder doch in ihrer persönlichen Handschrift die offenen Fragen beantworten. Ignorieren Sie dies und gehen Sie diskret mit diesem Wissen um.

2. Der Umgang mit den eigenen Daten

- Informieren Sie die Klasse vor der Befragung, wie Sie mit den Ergebnissen umgehen wollen.
- Überlegen sie, welche Inhaltsbereiche Sie mit der Klasse besprechen wollen. Die Daten in diesen Zusammenhängen müssen Sie der Klasse übermitteln (mündlich genügt durchaus).
- Im Gespräch mit Ihren Kolleginnen und Kollegen sollten Sie nur jene Daten übermitteln, welche Sie auch wirklich öffentlich machen wollen.
- Es gibt keinen Zwang und macht auch meist keinen Sinn, Daten aus der Selbstevaluation schriftlich und umfassend zu veröffentlichen.
- Wesentlich ist Ihre innere Haltung, das Feedback der Schülerinnen und Schüler ernst zu nehmen und in ausgewählten Bereichen auch Veränderungen zu erproben.

M 9.7

MATERIALBOGEN

Karteikarte (M 9.7)

Modifikation des eigenen Verhaltens

1. Themenauswahl

- Suchen Sie sich nur ein bis zwei Inhaltsbereiche für Veränderungsvorhaben aus.
- Besprechen Sie evtl. mit der Klasse, was für die Schüler besonders wesentlich ist.

2. Qualität der Veränderungsvorhaben

- Nehmen Sie sich ein klares Ziel vor. Formulieren Sie dies schriftlich.
- Notieren Sie sich auch, ab wann Sie eine Veränderung als Erfolg sehen.
- Nehmen Sie sich einen realistischen Zeitrahmen vor. Erfahrungsgemäß sollten Sie mindestens vier Wochen und maximal drei Monate einplanen.
- Legen Sie einen Zeitpunkt fest, an dem Sie Ihr Veränderungsprojekt evaluieren.
- Diskutieren Sie die Ergebnisse dann mit der Klasse und mit Kolleginnen und Kollegen Ihres Vertrauens.

B 10

BAUSTEINE

Baustein 10:

Kollegial den Fall besprechen – sich beraten und neue Lösungen sehen

Thema:

Selbst organisierter Austausch unter Kolleginnen und Kollegen als Hilfe bei Schwierigkeiten und Konflikten im Umgang mit Schülerinnen und Schülern

Intention:

Einstieg und Ablauf für die kollegiale Besprechung von schwierigen Situationen im pädagogischen Alltag kennen und schätzen lernen

Fachbezug:

alle Lehrerinnen und Lehrer

Materialien/Medien:

M 10.1 – Kopiervorlage: Vorbesprechung – Zusammenarbeit klären

M 10.2 – Kopiervorlage: Ablauf einer kollegialen Besprechung von Fällen

M 10.3 – Karteikarten: Der eigene Fall – mit fremdem Blick (1 und 2)

Bezug zu anderen Bausteinen:

Bausteine 4, 5, 7, 8, 9

Zeitrahmen:

nach Bedarf

Problemfeld:

In einer 7. Klasse fordert die Lehrerin einen unruhigen und seit zehn Minuten störenden Schüler aus der vorletzten Bank auf, sich nach vorne zu setzen. Der Schüler folgt der Aufforderung, aber als er sich hinsetzt, dreht er sich zu seinen Mitschülern um und sagt grinsend: „Ich möchte aber keinen Sex mit Ihnen haben."

Als die Kollegin im Lehrerzimmer von dem Vorfall erzählt, lachen ihre Zuhörerinnen am Tisch und kommentieren:
„Also mir würde das nichts ausmachen, ich bleibe einfach cool."
„Die Schüler wollten dich doch nur aus der Fassung bringen!"
„Das war doch ein Appell an die Klasse, um das eigene Gesicht zu wahren, das musst du doch verstehen!"

B 10

BAUSTEINE

Besonders hilfreich wirken diese Kommentare für die Kollegin nicht. Sie sucht offenbar Rat, aber zur falschen Zeit und unter ungünstigen Bedingungen.

Lehrerinnen und Lehrer arbeiten im Unterricht weitgehend allein auf sich gestellt. Der Arbeitsplatz Schule bietet nicht immer einen zuverlässigen und konzeptionell angelegten Rahmen, um schwierige und verunsichernde Situationen zufriedenstellend zu besprechen.

Ziele:

- Die Idee anstoßen, an der eigenen Schule Raum für die kollegiale Besprechung verunsichernder Situationen zu schaffen
- Vorhandene Lösungskompetenz durch leicht umsetzbare Besprechungs- und Beratungsregeln erfahren und nutzen
- Sich gemeinsam helfen

Worauf man achten sollte

Manchmal fällt es schwer, Schwierigkeiten im Umgang mit Schülerinnen und Schülern zu äußern. Von Lehrerinnen und Lehrern wird erwartet, Störungen erfolgreich zu unterbinden, sich im Unterricht durchzusetzen und Konflikte mit den Jugendlichen pädagogisch angemessen zu lösen. Obwohl das nicht immer gelingen kann, sehen sich Lehrerinnen und Lehrer mit einer „Heldenmoral" (Fritz Oser[1]) konfrontiert, die sich zählebig hält. Die geschlossene Klassenzimmertür nährt die Fantasie, die Kolleginnen und Kollegen würden den Anforderungen besser gerecht. Das kann Verunsicherung und manchmal auch Ängste erzeugen.

Äußerungen wie „Ich habe ja gar nicht gewusst, dass es euch auch so geht!" oder „Jetzt fühle ich mich nicht mehr so allein" offenbaren den Wunsch, sich vom Einzelkämpfertum zu befreien. Wenn es schwierig wird, kann es helfen, sich mit anderen zu beraten. Statt Schwierigkeiten als persönliches Problem mit sich herumzutragen, werden sie zu einem pädagogischen Fall für den professionellen Austausch.

Dafür gibt es unter anderem hoch spezialisierte Verfahren[2], die zumeist jedoch externe Berater und Moderatoren erfordern – und nicht zuletzt deshalb selten genutzt werden. Hier wird als realistischer Einstieg ein kollegialer Weg vorgeschlagen. Was sollte man dabei beachten:

- Wenn eine Lehrkraft Schwierigkeiten aus ihrem Berufsfeld offenlegt, zeigt sie Mut und Bereitschaft, ihre gewohnten Sicht- und Umgangsweisen zu prüfen.
- Die Lehrerin/der Lehrer steht mit ihrem/seinem Anliegen im Mittelpunkt der Besprechung. Es geht um die individuelle Konstellation, in die die Lehrkraft verwickelt ist.
- Verschiedene Anliegen können zu einem „Fall" werden: einzelne belastende Situationen, wiederkehrende Ärgernisse, Zuspitzungen ...
- In der Fallbesprechung bleibt die vortragende Lehrkraft Experte für die Lösung. Nur sie entscheidet, was in dieser Situation hilfreich ist.
- Die Gruppe bietet zusätzliche Sichtweisen an, die dazu beitragen können, eine angemessene Lösung zu finden. Der Austausch von Perspektiven und Erfahrungen kann auch anderen Gruppenteilnehmern Nutzen bringen.
- Ort und Zeit für kollegiale Fallbesprechung müssen sicherstellen, dass sich das Gespräch aus Hektik und Zwängen des Alltags lösen kann. Die Gruppe muss „Spielraum" zum Nachdenken und Nacherleben haben.

- Die regelmäßige kollegiale Fallbesprechung sollte als schulinterne Weiterbildungsmaßnahme anerkannt werden. Außerdem kann mit der Schulleitung darüber gesprochen werden, wie das Zeitfenster für die Besprechungen in den Stundenplan integriert werden kann.
- Im Vorfeld beraten, wen man aufgrund spezieller Kompetenzen noch dabeihaben sollte. Gibt es im Kollegium einen kompetenten Moderator, den die Gruppe für ihre Arbeit gewinnen müsste? Sollte sich die Gruppe an einen externen Leiter wenden? Was soll unternommen werden, wenn die Fallarbeit ins Stocken gerät ...?

Ein Termin vorab: Einen geregelten Ablauf für die Besprechung finden

Material 10.1 – 10.3, S. 123-125

Um trotz Hektik des Schulalltages und vielfältiger Belastungen zu gewährleisten, dass einzelne Fälle effektiv und zufriedenstellend besprochen werden können, sollte man einen geregelten und wiederkehrenden Ablauf vereinbaren (Zeitbedarf etwa eine Stunde):

- klären, wie man zusammenarbeiten will; als Grundlage allen Teilnehmern eine Kopie von M 10.1 aushändigen (Seite 123),
- festlegen, wie in der Gruppe Fälle eingebracht und von der Gruppe ausgewählt und bearbeitet werden,
- dafür den idealtypischen Ablauf für eine Fallbesprechung (M 10.2, S. 124) nutzen und so verändern, dass er den Bedürfnissen der Gruppe entspricht,
- die Fallbesprechung mithilfe der angegebenen Methode gestalten (M 10.3, S. 125).

Was schwierig werden kann

Die zeitliche Belastung ist ungewohnt, eine Atmosphäre des Vertrauens und der gegenseitigen Anerkennung stellt sich erst nach und nach ein. Kollegen, die den Gruppenprozess zu sehr dominieren, können den Lernprozess der Gruppe blockieren. Lehrerinnen und Lehrer haben die Fehlerbrille auch für ihr eigenes Verhalten und das der Kollegen allzu fest auf der Nase sitzen. Manchmal werden kreative Lösungen auch wohlmeinend durch vermeintlichen Konsens oder durch Zeitersparnis an der falschen Stelle erstickt. Mitunter können auch Störungen von außen auftreten, zum Beispiel, wenn die Gruppe als ausgrenzend angesehen wird. Darum benötigen alle Teilnehmenden am Anfang Geduld und Zuversicht. Informationen an Außenstehende helfen, Missverständnissen vorzubeugen.

Anmerkungen

1 Oser, F. (1997): Abschied von der Heldenmoral. In: Vierteljahreszeitschrift für Heilpädagogik und ihre Nebengebiete, H. 2, S. 225-246

2 Siehe zum Beispiel: Brinkmann, R. D. (2002): Intervision. Ein Trainings- und Methodenbuch für die kollegiale Beratung. Heidelberg

Hendriksen, J. (2002): Intervision. Kollegiale Beratung in sozialer Arbeit und Schule. Weinheim und Basel

Hirblinger, H. (1999): Erfahrungsbildung im Unterricht. Die Dynamik unbewusster Prozesse im unterrichtlichen Beziehungsfeld. Weinheim u. München

Hirblinger, H. (2001): Einführung in die psychoanalytische Pädagogik der Schule. Würzburg

Lohmann, G. (2003): Mit Schülern klarkommen. Berlin

Kopiervorlage (M 10.1)

M 10.1

Vorbesprechung – Zusammenarbeit klären, Vereinbarungen treffen

Was soll besprochen werden?

- ☐ alle Themen aus dem Berufsfeld sind möglich
- ☐ sich über Grundsätze von Achtsamkeit und Anerkennung verständigen (Baustein 1)

Wie wird gearbeitet?

- ☐ Zeitaufwand und Termine klären
- ☐ Leitung und deren Aufgaben absprechen, wie
  - rechtzeitig einladen
  - für Einhaltung der Zeitabsprachen sorgen
  - darauf achten, dass Vereinbarungen eingehalten werden
  - bei Bedarf an die Grundsätze eines achtsamen Umgangs erinnern
  - gegebenenfalls den Wechsel der Leitung vorbereiten
  - an den nächsten Termin erinnern
  - ...
- ☐ sich für wechselnde oder für eine kontinuierliche Leitung entscheiden
- ☐ sich gegenseitig Verschwiegenheit nach außen zusichern
- ☐ Ablauf festlegen (siehe M 10.2)

Sich auf Ziele verständigen, zum Beispiel

- ☐ gegenseitige Hilfen geben
- ☐ von Wissen und Erfahrungen anderer profitieren
- ☐ Einzelkämpfertum überwinden

... weitere Ziele sammeln und auswählen

MATERIALBOGEN

M 10.2

MATERIALBOGEN

Kopiervorlage für alle Beteiligten (M 10.2)

Ablauf für die kollegiale Besprechung von Fällen

Am Anfang

Wahl des Sitzungsleiters

- ☐ Es ist günstig, wenn die Leitung wechselt, damit im Laufe der Zeit niemand die Gruppe dominiert.
- ☐ Die Wahl des Leiters erfolgt jeweils am Ende einer Sitzung für das folgende Treffen.

Kurzes Feedback zur letzten Sitzung (je Fallerzähler maximal 3 Minuten)

- ☐ Wer in der letzten Sitzung einen Fall vorgestellt hat, berichtet, ob die gefundenen Vorschläge und Lösungen angewandt wurden und welche Wirkungen man wahrgenommen hat.
- ☐ Keine Kommentare der anderen.

Kurze Darstellung neuer Fälle (je Fallerzähler maximal 3 Minuten)

Entscheidung für die zu besprechenden Fälle

- ☐ Je nach verfügbarer Zeit ein oder zwei Fälle
- ☐ Meist entscheidet die Stärke der emotionalen Belastung der Kollegin/des Kollegen: Wer braucht schnell Hilfe?
- ☐ Fälle, deren Bearbeitung eine Vorarbeit nötig machen, entsprechend verschieben

Der Fall

Vorstellung und Bearbeitung des Falles

- ☐ Methode „Der eigene Fall – mit fremdem Blick" (M 10.3)
  - je nach Neigung wird der Fall mündlich oder schriftlich geschildert
  - bei schriftlicher Schilderung: der/die Fallerzähler/in legt ein Erinnerungsprotokoll über seinen/ihren Fall vor (maximal eine Seite)
- ☐ Die Gruppenleitung achtet darauf, dass der Sitzungsverlauf der ausgewählten Methode gerecht wird und nicht dem Muster „Problem – Ratschlag" folgt.

Feedback zum Sitzungsverlauf

- ☐ Nach dem vierten Schritt der Methode „Der eigene Fall – mit fremdem Blick" (M 10.3) kann der/die Fallerzähler/in die verschiedenen Vorschläge kommentieren.
- ☐ Er/sie beurteilt die Tauglichkeit der Vorschläge für den Alltag.
- ☐ Vielleicht kann er/sie schon Konsequenzen andeuten.

Übrigens ... Eine Fallbesprechungsgruppe erfordert den Einsatz von Zeit und emotionaler Kraft. Das wird erleichtert, wenn die Atmosphäre angenehm gestaltet ist: Raum, Sitzordnung, Getränke usw. Wer kümmert sich darum?

Karteikarte (M 10.3-1)

Die Methode: Der eigene Fall – mit fremdem Blick (1)

Erster Schritt:
Fall darstellen – aktiv ist vor allem der/die Erzählende

- ☐ Fallerzähler/in schildert den „Fall".
- ☐ Nach der Schilderung steht er/sie für kurze Zeit für Fragen zur Verfügung.
- ☐ Danach setzt er/sie sich betont zurück oder nimmt außerhalb der Gruppe Platz.

Zweiter Schritt:
Fall spiegeln – aktiv ist die Gruppe

- ☐ Die Gruppe spricht als „reflektierendes Team" über den Fall.
- ☐ Die Gruppenleitung kann die Reflexion mit zwei/drei Impulsen strukturieren:
  „Versucht, die Perspektive des Schülers einzunehmen."
  „Versetzt euch in die Situation der Kollegin."
  „Denkt an die Schüler, die sonst noch den Konflikt mitbekommen haben."
  „Wer bestimmt das Geschehen? Wer erduldet eher?"
  „Welche Gefühle könnten im Spiel sein?"
  „Wie verteilen sich ‚Gewinn' und ‚Verlust'?"
- ☐ Der/die Fallerzähler/in darf während dieser Reflexion nicht von außen eingreifen.
- ☐ Hilfreich ist es jedoch, wenn er/sie sich Notizen macht.

Karteikarte (M 10.3-2)

Die Methode: Der eigene Fall – mit fremdem Blick (2)

Dritter Schritt:
Fall noch einmal bedenken – aktiv ist nur der/die Erzählende

- ☐ Der/die Fallerzähler/in wird wieder in den Kollegenkreis geholt.
- ☐ Er/sie gibt Rückmeldung zu den Kommentaren, die für ihn/sie von Bedeutung sind, Sichtweisen verändert und/oder bestärkt haben.
- ☐ Keine Diskussion – nur Darstellung!

Vierter Schritt:
Tipps von der Gruppe

- ☐ Jetzt ist vor allem die Gruppe aktiv: Gruppenmitglieder geben konkrete Tipps oder Empfehlungen (Handeln der Teilnehmer in ähnlichen Fällen, Informationen über Institutionen, die Unterstützung leisten ...).
- ☐ Der/die Fallerzähler/in kann wählen, ob alle oder nur von ihm/ihr ausgewählte Mitglieder der Gruppe Tipps geben sollen.
- ☐ Keine Bewertung, keine Kommentare!

B 11

BAUSTEINE

Baustein 11:

Das kann Schule machen: Achtsamkeit und Anerkennung als Aufgabe für Schulentwicklung

Thema:

Achtsamkeit und Anerkennung als Weg und Ziel der Schulentwicklung

Intention:

Ein Leitbild für den achtsamen und anerkennenden Umgang miteinander an der eigenen Schule entwickeln

Fachbezug:

Das geht alle an

Materialien/Medien:

M 11.1 - Karteikarte: Von der ersten Idee zur Pädagogischen Konferenz über Achtsamkeit und Anerkennung

M 11.2 - Karteikarte: Situationsanalyse auf der Pädagogischen Konferenz

M 11.3 - Kopiervorlage: Fragebogen zum Schulklima für Kollegium, Schüler und Eltern

M 11.4 - Kopiervorlage: Kleingruppenarbeit - unser Schulklima

M 11.5 - Kopiervorlage: Reflexionsbogen zu möglichen Schwerpunkten im Schulleitbild

M 11.6 - Karteikarte: Von der Ideensammlung zu Leitsätzen

M 11.7 - Karteikarte: Beispiele für Leitsätze einer achtsamen und anerkennenden Schule

M 11.8 - Karteikarte: Beispiele für Leitbilder von Schulen

Bezug zu anderen Bausteinen:

Baustein 9

Zeitrahmen:

Konferenzen, Steuergruppen- und Projektarbeit nach Bedarf auch über längere Zeiträume

Problemfeld:

Die Schulwoche hatte es in sich. Im Elternbeirat wurde die Zunahme von Aggressionen auf dem Schulweg beklagt. Auf der Lehrerkonferenz gab es eine heftige Auseinandersetzung zwischen zwei Lehrergruppen. Das Kollegium diskutierte darüber, wie konsequent Fehlverhalten von Schülern zu sanktionieren ist. Außerdem informierten die Vertreter der Schü-

B 11

lermitverwaltung die Schulleitung, dass das geplante Fortbildungswochenende der Klassensprecher wegen persönlicher Streitigkeiten wahrscheinlich nicht stattfinden kann. Schon seit Längerem sind Teile des Lehrerkollegiums sowie die Schulleitung unzufrieden mit der Stimmung an der Schule.

Sicherlich haben Sie als Lehrerin oder Lehrer oder als Mitglied der Schulleitung auch schon einmal den Eindruck gehabt, das Klima an der Schule ließe sich durchaus noch verbessern. Dies mag sich auf die Kommunikation im Kollegium beziehen, auf das Miteinander der Schülerinnen und Schüler oder auf das Verhältnis zwischen Lehrern und Schülern. Auch wenn es keine dramatischen Vorkommnisse gibt – mitunter sind es die kleinen Unstimmigkeiten, die in ihrem Zusammenwirken das Klima belasten.

Als einzelner Lehrer oder als Schulleitung werden Sie alleine auf Dauer wenig ausrichten können. Schulen, die als gute Schulen gelten, zeichnen sich durch Werte aus, die im Kollegium geteilt[1] und im Schulalltag erfahrbar werden.[2] Zwar kann jeder Einzelne sich darum bemühen, achtsam und anerkennend zu handeln, aber wenn Achtsamkeit und Anerkennung das Klima an der ganzen Schule mitbestimmen sollen, dann müssen möglichst viele daran mitwirken. Der Lohn könnte eine Schule sein, in die alle lieber gehen als vorher – Schüler und Lehrer.

BAUSTEINE

Ziele:

- Eine Pädagogische Konferenz über Achtsamkeit und Anerkennung an Ihrer Schule vorbereiten und durchführen
- Unter Einbeziehung des gesamten Kollegiums Leitsätze für die Gestaltung eines achtsamen und anerkennenden Schulklimas erarbeiten
- Ein gemeinsames Leitbild entwickeln und Grundlagen für die Umsetzung legen

Von der ersten Idee zur Pädagogischen Konferenz

Material 11.1, S. 130

Wenn Sie den Eindruck haben, das soziale Klima an der Schule sei verbesserungswürdig, dann ist es wahrscheinlich, dass auch einige ihrer Kolleginnen und Kollegen dies so wahrnehmen. Verabreden Sie sich doch zu einem ersten Gespräch zum Gedankenaustausch und zur Beratung darüber, ob und wie Sie Ihre Idee dem gesamten Kollegium vorstellen wollen. Wenn Sie kein Mitglied der Schulleitung sind, sollten Sie versuchen, diese von Anfang an einzubinden. Gerade in den Anfängen eines Schulentwicklungsprozesses kommt der Schulleitung die Verantwortung zu, alle interessierten und für die Thematik offenen Kolleginnen und Kollegen an einen Tisch zu bringen. Diese beraten zusammen, wie größere Teile des Kollegiums sowie der Schüler- und Elternschaft in die Entwicklung eines achtsamen und anerkennenden Schulklimas einbezogen werden können. Anregungen, um von Ihrer ersten Idee zu einer „Pädagogischen Konferenz“ zu kommen, bietet Karteikarte M 11.1 (S. 130).

Aufgabe von Pädagogischen Konferenzen – Situationsanalyse und Beratung von Leitsätzen

Material 11.2 – 11.7, S. 130–136

Die gemeinsame Analyse der Situation

Nicht alle im Kollegium werden die Situation an der Schule auf ähnliche Weise wahrnehmen und bewerten. Daher ist es zu Beginn eines Schulentwicklungsprozesses notwendig, sich über die Ausgangssituation zu verständigen.[3]

- Die Bestandsaufnahme zum Schulklima kann entweder während der Pädagogischen Konferenz erfolgen (z.B. in Kleingruppen mit anschließender Plenumspräsentation) oder mittels einer vorher durchgeführten Befragung[4], deren Ergebnisse zu Beginn der Konferenz vorgestellt werden. Einen ersten Zugang dafür bieten die bewusst knapp gehaltenen Fragebogen für Kollegium, Schüler und Eltern (Kopiervorlagen M 11.3, S. 131).
- Anregungen für die Durchführung der aktuellen Situationsanalyse bieten die Karteikarte M 11.2 und die Kopiervorlage M 11.4, oberer Teil (siehe S. 130-134).
- Während der Kleingruppenarbeit lassen sich bereits erste Ideen für eine Verbesserung des Schulklimas festhalten (M 11.4, unterer Teil).
- Als eine weitere Grundlage für die weitere Schwerpunktsetzung kann auch die Kopiervorlage M 11.5 herangezogen werden.

Auf dem Weg zu einem Leitbild: Die Entwicklung und Beratung von Leitsätzen

Die auf der Pädagogischen Konferenz erarbeitete Bestandsaufnahme bildet die Basis für die anschließende Sammlung von Leitsätzen für die weitere Entwicklung eines achtsamen und anerkennenden Schulklimas.

Günstig dafür ist es, wenn die Pädagogische Konferenz im Rahmen eines Pädagogischen Tages mit ausreichend Zeit für die gemeinsame Arbeit stattfindet.

- Anregungen, wie die Ergebnisse der Kleingruppenarbeit zur Weiterentwicklung gemeinsamer Leitsätze genutzt werden können, bietet Karteikarte M 11.6 (Seite 136).
- Beispiele für Leitsätze, die der Kleingruppenarbeit als Anregung dienen können, bietet die Karteikarte M 11.7.

Nach den gemeinsamen Beratungen - die Erarbeitung eines Leitbildes und dessen Umsetzung

Material 11.8, S. 137

Die weiteren Schritte zur Entwicklung eines achtsamen und anerkennenden Schulklimas hängen in erster Linie von den Schwerpunkten ab, auf die sich die Pädagogische Konferenz geeinigt hat. Dennoch lassen sich einige Anregungen geben:

- Die ursprüngliche Initiatorengruppe sollte eine Vorlage für das Leitbild der Schule erarbeiten. Ein Leitbild fasst den gemeinsam erarbeiteten pädagogischen Konsens für die Weiterentwicklung eines achtsamen und anerkennenden Schulklimas prägnant zusammen (siehe „Anmerkung zur Arbeit mit Leitbildern", S. 129). Basis für den Entwurf eines Leitbildes bieten die auf der pädagogischen Konferenz beratenen Leitsätze. Als Anregung für die Formulierung des Leitbildes kann Karteikarte M 11.8 dienen.
- Die von der Gruppe erarbeitete Vorlage wird auf der nächsten Lehrerkonferenz sowie mit den Vertretern der Schüler- und Elternschaft beraten.
- Wenn sich das Kollegium sowie die anderen am Schulleben beteiligten Gruppen auf ein Leitbild geeinigt haben, wird es in geeigneter Form veröffentlicht (Schulzeitung, Internetauftritt der Schule, Wandzeitung).
- Die Bausteine der vorliegenden Handreichung liefern Anregungen für praktische Maßnahmen, die zur Umsetzung des Leitbildes dienen (vgl. S. 129).
- Teams aus 3 bis 4 Lehrerinnen und Lehrern könnten als Spezialisten und Ansprechpartner für einzelne Bausteine wirken (z.B. Betreuung der kollegialen Fallarbeit, S. 120 ff.; Koordination und Erfahrungsaustausch zur Konfliktbehandlung in der Schulklasse, S. 55 ff.; Vorbereitung eines Projekttages zum Thema Behinderung, S. 78 ff.; Information des Kollegiums über Umgang mit Mobbing, S. 103 ff.)

Anmerkung zur Arbeit mit Leitbildern

B 11

„Wenn das Leben keine Vision hat, nach der man sich sehnt,
die man verwirklichen möchte, dann gibt es auch kein Motiv sich anzustrengen."
(Erich Fromm)

Ein Leitbild sollte von möglichst allen Gruppen der Schulgemeinschaft getragen werden. Es kann unterschiedliche Funktionen erfüllen. So ist es zum Beispiel Anlass für einen pädagogischen Diskurs. Es trägt dazu bei zu klären, was das Lehrerkollegium im Umgang mit Schülern und Eltern an Gemeinsamkeiten vertritt, bestimmt die Werte, an denen sich die Schule messen lassen will und kann ein Wir-Gefühl fördern, das die Schule bereichert.[5] Der Weg zu einem Leitbild kann im Kollegium beginnen, doch nach und nach sollten Schüler und Eltern einbezogen werden. Ideen für den achtsamen und anerkennenden Umgang können aus unterschiedlichen Quellen[6] stammen:

- Ihre Schule hat schon spezifische Stärken, die nur noch nicht gebündelt und bewusst gemacht wurden („heimliche Stärken").
- Ihre Schule hat eine besondere Zusammensetzung der Schülerschaft. Ihre Stärken oder Schwächen ermöglichen beziehungsweise erfordern besondere pädagogische oder unterrichtliche Maßnahmen.
- Es gibt im Lehrerkollegium spezifische Wert- und Zielorientierungen sowie besondere pädagogische Fähigkeiten.

BAUSTEINE

Anmerkungen

1 Rutter, M.; Maugham, B. & Mortimer, P.; Ouston, J. (1980): Fünfzehntausend Stunden. Schulen und ihre Wirkungen auf die Kinder. Weinheim und Basel

2 Siehe zum Beispiel Fend. H. (1998): Qualität im Bildungswesen. Schulforschung zu Systembedingungen, Schulprofilen und Lehrerleistung. Weinheim und München
Siehe auch Rolff, H. G. (2000): Die Rolle der Schulleitung bei der Unterrichtsentwicklung. Sechs Verantwortungs- und Unterstützungsfelder. In: Journal für Schulentwicklung, H. 2, S. 8-19

3 Siehe dazu Sigel, R. & Kahlert, J. (2006): Eine Stadt macht Schule. Bad Heilbrunn, S. 15ff.

4 Siehe zum Beispiel IFS-Schulbarometer, wo Sie viele fertige Fragebogen zu Lehrer-, Eltern- und Schülerbefragungen finden (www.ifs.uni-dortmund.de unter der Rubrik Materialien). Diese Fragebogen sind so gestaltet, dass die jeweilige Schule diese kürzen, verändern und an ihre spezifischen Bedürfnisse anpassen kann. Dort findet man auch repräsentative Vergleichszahlen.

5 Siehe auch Philip, E. & Rolff, H. G. (1998): Schulprogramme und Leitbilder entwickeln. Ein Arbeitsbuch. Weinheim und Basel, S. 10-11

6 Vgl. Strittmatter, A. (2000): An gemeinsamen Leitideen arbeiten. Ein Leitfaden der Pädagogischen Arbeitsstelle LCH. Zu beziehen beim Dachverband der Schweizer Lehrerinnen und Lehrer (www.lch.ch).

Karteikarte (M 11.1)

Von der ersten Idee zur Pädagogischen Konferenz über Achtsamkeit und Anerkennung

1. Geben Sie im Kollegium bekannt, dass ein erstes Orientierungsgespräch zum Thema Schulklima stattfindet.

2. Diejenigen Kolleginnen und Kollegen, die bereits auf diesem Gebiet engagiert sind, sollten außerdem direkt angesprochen werden.

3. Suchen Sie eine Person an der Schule, die das erste Brainstorming moderieren kann. Signalisieren Sie von Anfang an, dass es nicht ein Projekt der Schulleitung, sondern des Kollegiums und der Schule werden soll.

4. Ideen sollten in geeigneter Form protokolliert werden.

5. Nach diesem ersten Brainstorming sollte sich eine Projekt- oder Steuergruppe finden, die eine Pädagogische Konferenz vorbereitet. In dieser Gruppe sollte ein Mitglied der Schulleitung sein; das erleichtert die Abstimmung.

6. Möglichst bereits jetzt den Termin für die Pädagogische Konferenz festlegen.

Karteikarte (M 11.2)

Situationsanalyse auf der Pädagogischen Konferenz

1. Das Kollegium bildet Kleingruppen (jeweils 4-8 Personen). Deren Zusammensetzung sollte zufällig sein (z.B. nach Alphabet). Sollten Eltern und Schüler bereits jetzt schon einbezogen werden, dann können deren Vertreter auf alle Gruppen gleichmäßig aufgeteilt werden oder jeweils eine eigene Gruppe bilden.

2. Jede Gruppe bekommt das Analyseblatt M 11.3 sowie Materialien zur Erstellung eines Präsentationsplakates (Flipchartpapier; Papierrollen ...).

3. Die Gruppen arbeiten nach den Leitfragen auf dem Analyseblatt und übertragen ihre Diskussionsergebnisse auf das Plakat (Plakat so strukturieren wie das Analyseblatt).

4. Nach 60 bis 90 Minuten Kleingruppenarbeit treffen sich die Gruppen im Plenum und berichten. Dabei sollten die Ergebnisse auf den Plakaten an der Wand/auf Stelltafeln gut sichtbar für alle sein.

5. Thematiken, die von unterschiedlichen Kleingruppen ähnlich diskutiert wurden, werden farbig markiert. So bilden sich erste Übereinstimmungen heraus.

6. Wenn die Plakate mit den Ergebnissen der Kleingruppenarbeit aufbewahrt werden, stehen sie für spätere Beratungen, zum Beispiel bei der Erarbeitung des Leitbildes (vgl. M 11.6 – M 11.8), zur Verfügung.

Kopiervorlage (M 11.3-1)

M 11.3-1

MATERIALBOGEN

Fragebogen zum Schulklima für das Lehrerkollegium

		stimme voll und ganz zu	stimme eher zu	stimme eher nicht zu	stimme gar nicht zu
1	Das Arbeitsklima im Kollegium ist gut.	☐	☐	☐	☐
2	Im Kollegium kooperieren viele Lehrkräfte miteinander.	☐	☐	☐	☐
3	Das Lehrer-Schüler-Verhältnis ist insgesamt positiv.	☐	☐	☐	☐
4	Die Verantwortlichkeiten an der Schule sind geordnet.	☐	☐	☐	☐
5	Das Klima zwischen Leitung und Kollegium ist gut.	☐	☐	☐	☐
6	Probleme kann man auf Konferenzen offen ansprechen.	☐	☐	☐	☐

Besonders anmerken will ich:

____

____

____

____

____

____

M 11.3-2

MATERIALBOGEN

Kopiervorlage (M 11.3-2)

Fragebogen zum Schulklima für Schüler

		stimme voll und ganz zu	stimme eher zu	stimme eher nicht zu	stimme gar nicht zu
1	Das Klima in meiner Klasse ist gut.	☐	☐	☐	☐
2	Auf dem Pausenhof habe ich Freunde/ Freundinnen, mit denen ich mich gut verstehe.	☐	☐	☐	☐
3	Die Schüler verstehen sich mit den Lehrern gut.	☐	☐	☐	☐
4	Wenn ich Sorgen habe, dann finde ich einen Lehrer/eine Lehrerin, der/die mich anhört.	☐	☐	☐	☐
5	Ich fühle mich öfters in der Schule unwohl und habe Bauchweh oder Kopfweh.	☐	☐	☐	☐
6	Zeitweise geht es an der Schule so wild zu, dass ich Angst bekomme.	☐	☐	☐	☐

Wenn ich mich in der Schule unwohl fühle, dann liegt es daran, dass ...

____

____

____

____

____

____

Kopiervorlage (M 11.3-3)

M 11.3-3

MATERIALBOGEN

Fragebogen zum Schulklima für Eltern

		stimme voll und ganz zu	stimme eher zu	stimme eher nicht zu	stimme gar nicht zu
1	Die Beziehung zwischen Schule und Elternschaft ist gut.	☐	☐	☐	☐
2	Mein Kind geht gerne zur Schule.	☐	☐	☐	☐
3	Die meisten Lehrkräfte nehmen sich Zeit, mit mir über mein Kind zu sprechen.	☐	☐	☐	☐
4	Eltern haben angemessenen Einfluss auf das Schulleben.	☐	☐	☐	☐
5	In Konfliktfällen wird die Elternseite ausführlich gehört.	☐	☐	☐	☐
6	Die Elternabende sind informativ und interessant gestaltet.	☐	☐	☐	☐

Besonders anmerken will ich:

____

____

____

____

____

____

M 11.4

MATERIALBOGEN

Kopiervorlage (M 11.4)

Kleingruppenarbeit – unser Schulklima

Diskutieren Sie in der Kleingruppe das Schulklima (Klima und Umgangsweise im Lehrerkollegium, zwischen den Schülern, zwischen Schülern und Lehrern, zwischen Elternschaft und Kollegium, zwischen Schulleitung und Kollegium etc.). Notieren Sie nur Punkte, auf die sich die Gruppe einigen kann.

Unser Schulklima:

Was gut läuft!

____
____
____
____
____
____

Unser Schulklima:

Was problematisch ist!

____
____
____
____
____
____

Ideensammlung für eine Verbesserung unseres Schulklimas:

(verwenden Sie evtl. die Bausteine aus der Lehrerhandreichung)

____
____
____
____
____
____
____

Kopiervorlage (M 11.5)

Reflexionsbogen zu möglichen Schwerpunkten im Schulleitbild

M 11.5

Dieser Bogen dient der Reflexion in der Kleingruppenarbeit. Lassen Sie an geeigneter Stelle der Gruppenarbeit den Fragebogen ausfüllen und stellen Sie dann fest, welche Themenbereiche für Schwerpunktsetzungen infrage kommen. Berichten Sie den Trend zusammen mit Ihrer Situationsanalyse im Plenum.

	Sie würden im Schulalltag gerne folgende Schwerpunkte verwirklicht sehen	stimme voll und ganz zu	stimme eher zu	stimme eher nicht zu	stimme gar nicht zu
1	Schülerinnen und Schülern den Start in der neuen Schule erleichtern (Baustein 1)	☐	☐	☐	☐
2	Orientierungshilfen geben zu „Wer bin ich wirklich" (Baustein 2)	☐	☐	☐	☐
3	Kommunikationsprobleme analysieren: „Warum man manchmal aneinander vorbeiredet" (Baustein 3)	☐	☐	☐	☐
4	„Let's talk!" Konfliktbehandlung in der Schulklasse (Baustein 4)	☐	☐	☐	☐
5	Türöffner und Stolpersteine im Umgang mit türkischen Jugendlichen (Baustein 5)	☐	☐	☐	☐
6	„Jeder ist anders und Hindernisse gibt es überall." Umgang mit unterschiedlichen persönlichen Fähigkeiten und Grenzen (Baustein 6)	☐	☐	☐	☐
7	Mobbing begegnen – mit Zivilcourage (Baustein 7)	☐	☐	☐	☐
8	Mobbing in meiner Klasse – kann Reden doch noch helfen? (Baustein 8)	☐	☐	☐	☐
9	Was „wissen" Ihre Schüler über Sie? Schüler-Feedback nutzen (Baustein 9)	☐	☐	☐	☐
10	Kollegial den Fall besprechen – sich beraten und neue Lösungen suchen (Baustein 10)	☐	☐	☐	☐
11	Das kann Schule machen: Achtsamkeit und Anerkennung als Aufgabe der Schulentwicklung (Baustein 11)	☐	☐	☐	☐

12 Eigener Themenvorschlag: ______________________________

____

____

M 11.6
M 11.7

MATERIALBOGEN

Karteikarte (M 11.6)

Von der Ideensammlung zu Leitsätzen

Leitsätze formulieren die grundsätzliche Richtung, in die sich die Schule entwickeln soll. Sie beschreiben Haltungen, Werte und Umgangsformen.

1. Die Teilnehmer und Teilnehmerinnen haben etwa 15 Minuten lang Gelegenheit, die von den Kleingruppen erarbeiteten Plakate zu betrachten. Vielleicht schätzt es Ihr Kollegium, wenn dabei stimmungsvolle Musik im Hintergrund läuft.
2. Während des Rundganges notieren sich die Teilnehmer und Teilnehmerinnen ihre Ideen.
3. Nach dem Rundgang bilden sich Zweier- oder Dreiergruppen, die 2-3 kurze Leitsätze formulieren. Als Formulierungshilfe kann Karteikarte M 11.7 und M 11.8 dienen (S. 136, 137).
4. Die Leitsätze werden auf gleich großen Papierstreifen (ca. 20 cm mal 80 cm) in größerer Schrift notiert und an Stelltafeln angebracht.
5. Zum Abschluss ordnet eine Moderatorin/ein Moderator die Formulierung nach Kategorien. Dies stellt einen schönen Abschluss der Tagesarbeit dar.
6. Diese Sammlung dient als Grundlage für die Leitbild-Redaktionsgruppe, die einen konkreten Formulierungsvorschlag für die Schulgemeinschaft macht.

Karteikarte (M 11.7)

Beispiele für Leitsätze einer achtsamen und anerkennenden Schule

1. Unsere Schule heißt die neuen Schülerinnen und Schüler zu Schuljahresbeginn willkommen, indem sie ihnen Schülerpaten und Lehrermentoren zur Seite stellt. Jede Schülerin und jeder Schüler soll in den ersten Schulwochen freundliche Begleiter und Begleiterinnen haben.
2. An unserer Schule dulden wir keine Gewalt und kein Mobbing. Kein Schüler muss im Falle von Mobbing fürchten, von der Schule alleingelassen zu werden.
3. Die Schülerinnen und Schüler an unserer Schule können sich darauf verlassen, dass sie in ihren Bemühungen sich zu verbessern, hilfsbereite Lehrerinnen und Lehrer zur Seite haben.
4. Bei uns gilt das Prinzip der zweiten Chance. Wir wissen, dass es im Umgang miteinander auch immer mal wieder zu Missverständnissen kommt. Manchmal fühlt man sich von jemandem herabgesetzt oder sogar angegriffen, obwohl das gar keine Absicht war. Statt sich sofort aufzuregen oder sogar aggressiv zu reagieren ist es besser, erst einmal nachzufragen, wie das gemeint ist.

Karteikarte (M 11.8)

M 11.8

MATERIALBOGEN

Beispiele für Leitbilder von Schulen

Hier haben wir für Sie einige Leitbilder (Ausschnitte) ausgewählt, die sich durch Individualität und pädagogische Orientierung auszeichnen.

„Lehren und Lernen:

Auch wenn wir als Erwachsene einen Vorsprung an Wissen und Erfahrung haben, bleiben wir Lernende. Es ist nicht so, dass auf der einen Seite diejenigen sind, die lehren und auf der anderen Seite die Kinder und Jugendlichen, die lernen. Wir lernen alle, auf verschiedenen Stufen, und wir haben Verantwortung füreinander, jeder seinen Möglichkeiten entsprechend."

(Gruppenschule Thalwil 1995, Schweiz)

„Fehlerkultur:

Wer lernt, macht Fehler – und wer Fehler macht, kann daraus lernen. Oft entsteht gerade in dieser Auseinandersetzung etwas Neues und Unerwartetes, das ohne die Fehler nicht möglich geworden wäre. Nicht nur die Kinder, auch die Erwachsenen dürfen Fehler machen. Wir verheimlichen Fehler nicht, stehen dazu und betrachten sie als Übungsfeld, um im Leben weiterzukommen."

(Gruppenschule Thalwil 1995, Schweiz)

Die Beispiele sind zitiert nach Strittmatter, A. (2000): An gemeinsamen Leitideen arbeiten. Ein Leitfaden der Pädagogischen Arbeitsstelle LCH, S. 23ff. Zu beziehen beim Dachverband der Schweizer Lehrerinnen und Lehrer (www.lch.ch). Diese Lehrerhandreichung enthält viele wertvolle und praxisnahe Hinweise zur Leitbildarbeit.